Über dieses Buch

»Ich habe Ihnen bevorzugt Texte vorgestellt, die noch nie oder seit 1848 nicht mehr ins Deutsche übertragen wurden, in bewusster Abgrenzung zu den Ausgaben schwedischer Volksmärchen in deutscher Sprache, die es in den letzten Jahrzehnten gegeben hat. Alle Märchen wurden für diesen Band neu beziehungsweise erstmals übersetzt. Und ich habe Wert darauf gelegt, dass möglichst viele Regionen Schwedens vertreten sind, damit sich die Reise auch lohnt, wie man so schön sagt« (E.G.).

Über den Herausgeber

Erik Glossmann, geb. 25.04.1961 in Dresden, aufgewachsen in Cottbus, 1983 bis 1988 Studium der Nordeuropawissenschaften in Greifswald. Arbeitet seither als Verlagsvertreter, Kritiker, Essayist, Herausgeber und Übersetzer. Mitglied im Kulturhistorischen Verein Friedrichshagen e. V., dort vor allem für die Skandinavier in der Berliner/Friedrichshagener Bohème um 1900 (Ola Hansson, August Strindberg u. a.) zuständig. Herausgeber zweier Prosasammlungen des schwedischen Literaturnobelpreisträgers Pär Lagerkvist in deutscher Sprache (»Schlimme Geschichten« und »In dieser Zeit«), des Bandes »Klassisch gut: Strindberg Zitate« sowie einer dreibändigen Werkauswahl Ola Hanssons (»Sensitiva amorosa«, »Nietzsche« und »Parias«).

Übersetzte Kriminalromane von Gunnar Staalesen, Henning Mankell und Olov Svedelid. Die jahrelange Freundschaft mit Olov Svedelid mündete in ein gemeinsames Buchprojekt: »En Münchhausen för alla tider« (2002, Ein Münchhausen für alle Zeiten) schildert die späteren Abenteuer des »Lügenbarons«, u. a. im Wilhelminischen Deutschland, in Russland, Venedig, Australien, Afrika und im Ersten Weltkrieg.

Schwedische Märchen

Übersetzt und herausgegeben
von Erik Gloßmann

KÖNIGSFURT-URANIA

Gekürzte Sonderausgabe des Titels „Märchen aus Schweden"
von Erik Gloßmann (2007).

Bibliographische Information der Deutschen Nationalbibliothek
Die Deutsche Nationalbibliothek verzeichnet diese Publikation in der Deutschen
Nationalbibliographie; detaillierte bibliographische Daten sind im Internet über
http://dnb.d-nb.de abrufbar.

Sonderausgabe
2. Auflage 2016 Krummwisch bei Kiel

© 2016 by Königsfurt-Urania Verlag GmbH
D-24796 Krummwisch
www.koenigsfurt-urania.com

Umschlaggestaltung: Jessica Quistorff, Seedorf, unter Verwendung
der folgenden Motive von Fotolia: „Rotes Holzhaus in Schweden"
© Almgren und „close-up berry cranberries and moss" © Mikhail
Olykainen
Satz: Satzbüro Noch & Noch, Menden
Druck und Bindung: Finidr s.r.o.
Printed in EU

ISBN 978-3-86826-052-6

Für meinen Enkel
Nils

Inhalt

Einladung zu einer Märchenreise durch Schweden

Darf ich Sie zu einer Märchenreise durch Schweden einladen? Ich schlage vor, dass wir in der alten Handels- und Garnisonsstadt Ystad an Land gehen. In der Bucht, in der sich der Hafen befindet, sind in den vergangenen Jahrhunderten Wikinger, Missionare, Hanse-Kaufleute, Soldaten, Scholaren, Flüchtlinge und letztlich auch Touristen gelandet, die neben Waffen, Waren, Handwerk und Wissenschaft oft auch Bücher und Geschichten ins Land brachten. Insofern steht Schweden ganz in der skandinavischen Märchentradition, die alt-nordische, orientalische, antik-griechische und -römische sowie christliche Mythen und Legenden übernahm, mit Lokalkolorit versah und mit örtlichem Erzählgut verschmolz – oder in späteren Zeiten Märchen aus anderen europäischen Ländern und Regionen ganz einfach adaptierte. Wie alt einzelne Stoffe sind, lässt sich nur schwer bestimmen. Wichtiger für die konkrete Ausformung ist eher der Zeitpunkt, an dem sie aufgezeichnet wurden.

An dieser Stelle möchte ich Sie mit unserer ersten Reisebegleiterin bekannt machen. Eva Wigström, die bedeutende Sammlerin schonischer Märchen, wurde am Weihnachtsabend des Jahres 1832 als Eva Nilsson auf einem Bauernhof bei Landskrona geboren. Zum »Haushalt« gehörten dort über vierzig Personen, und die junge Eva war früh mit deren Tätigkeiten und Denkweisen vertraut. Angeregt durch die Volkshochschulbewegung begann sie, Sagen, Volkslieder und Märchen aufzuzeichnen, zuerst nur bei Bekannten in der Umgebung von Helsingborg, später auch auf ausgedehnten Reisen, die von der historischen und archäologischen Vereinigung Schonens unterstützt wurden. Parallel dazu startete sie einen Aufruf in allen schonischen Zeitungen, man möge ihr mit Hinweisen und Texten beistehen. Erste Buchausgaben erschienen 1880 (»Skånska visor, sagor och sägner«) in Lund und 1881, unterstützt von Frederik Lange Grundtvig, in Kopenhagen. Der zweite Teil ihrer Volksdichtung fand dann in dem Göteborger Torsten Hedlund wieder einen schwedischen Verleger, der allerdings wie seine Vorgänger feststellen musste, dass sich kaum jemand dafür interessierte. Eva Wigström aber gab nicht auf. Mit einem neuen Manuskript reiste sie nach Stockholm, klapperte die Verlage ab und landete schließlich bei Albert Bonnier, der ihr zwar 400 Kronen zahlte, die Sammlung aber nicht druckte. Auf Drängen Eva Wigströms handelte der Dozent J. A. Lundell aus Uppsala Bonnier das Manuskript für 150 Kronen ab und versprach, die umfangreiche Märchensammlung zu publizieren. Dieses Versprechen löste er nur zum Teil ein. Eva Wigström starb am 6. Januar 1901. Erst anlässlich einer Neuausgabe von Eva Wigströms »Folkdiktning«, die 1952 von Aina Stenklo vorgenommen wurde, erschienen alle im Originalmanuskript enthaltenen Texte.

Eva Wigström begrüßt uns in Ystad mit »Die drei alten Weiber«, einem Schwank, der vermutlich aus Norddeutschland herübergekommen und in ganz Skandinavien verbreitet war. Ihre Version wirkt besonders frisch und deftig.

Wir verlassen nun die Ostseeküste und reisen ins Zentrum der Provinz Schonen, in den Altkreis Onsjö. Dort treffen wir »Holzkäppchen«, eine schwedische Variante des weltbekannten Märchens von »Aschenputtel« beziehungsweise »Cinderella«, gruseln uns bei der Räuberpistole vom »rothaarigen Verlobten« und erleben, wie

»Dummerjöns«, natürlich der jüngste von drei Brüdern, die schöne Prinzessin erobert.

Weiter geht die Reise in das Fischerdorf Borstahusen bei Landskrona. »Die Alte an der Quelle« schenkt einem Hecht das Leben und hat die berühmten drei Wünsche frei, weiß die Chance aber nicht zu nutzen, sondern landet im Schlamassel. Das Grundmotiv ist seit Euripides bekannt und hat, in verschiedenen Gestaltungen, tatsächlich weltweite Verbreitung gefunden.

Wir bleiben in der engeren Heimat Eva Wigströms, folgen der Küste und sind nach knapp zwanzig Kilometern in Helsingborg. Hier hören wir von »Lockebock«, der den bösen Riesen überlistet und um seine Kleinodien bringt. Die Riesen in den schwedischen Märchen sind in der Regel stark, bösartig und dumm. Das Märchen »Die Flaschen des Riesen« stellt uns einen Vertreter dieser Spezies vor, der, Flaschen gegen Kühe tauschend, die Menschen belohnt und bestraft, ganz wie sie es verdienen. Vielleicht ist dieser Riese auch deshalb so anders, weil er, wie die Forschung herausfand, ursprünglich mal ein Zwerg war und aus Irland stammte?

Etwa zehn Kilometer nördlich, an der Küste von Skäldersviken, liegt die kleine Gemeinde Brunnby. Dort notierte Eva Wigström das Märchen »Die verschwundene Braut«, dem originär nordische Motive zugrunde liegen. Die schonische Variante von der im Berg eingeschlossenen Prinzessin ist besonders phantasievoll ausgeschmückt.

Dasselbe gilt für »Der singende Baum«, so dass man hier dieselbe Quelle vermuten könnte. Dieses Zaubermärchen ist sogar ganz einzigartig.

Westlich von Brunnby, am Übergang vom Öresund zum Kattegatt, liegt die Kleinstadt Höganäs. Eva Wigström hat hier die Geschichte »Die entführte Prinzessin« aufgeschrieben, die ebenfalls schwedischen Ursprungs ist, in einer frühen Form bereits 1701 notiert wurde und in mehreren Varianten als wohlfeiler Jahrmarktsdruck kursierte. Aus dem Kreis Luggude kommt auch »Der schöne Vogel«, doch eigentlich stammt er wohl aus Deutschland, wo der Wacholder bei dem Brüdern Grimm noch »Machandelboom« hieß. Auch dieses Märchen wurde anonym ins Schwedische übersetzt, in Heftform auf Jahrmärkten verkauft, gelesen und beim Weitererzählen verändert und ausgeschmückt.

Östlich von Höganäs liegt die Kleinstadt Ängelholm. Hier fand Eva Wigström in »Der goldene Baum, der singende Fluss und der sprechende Vogel« ein Märchen, dessen Ursprünge wohl im Mittelmeerraum oder im Vorderen Orient zu suchen sind. Der Franzose Galland, der mit seiner Übersetzung der Geschichten aus den 1001 Nächten großen Erfolg hatte, soll diesen Stoff zu der berühmten arabischen Sammlung hinzugefügt haben. Details weisen darauf hin, dass der Erzähler in Ängelholm wiederum durch einen jener billigen »Schillingdrucke« (skilling-tryck) inspiriert wurde. Ebenfalls aus Ängelholm kommen »Die Wünsche«, eine weitere Variante der bekannten Vorlage – und der Lumpenjunge macht seine Sache wahrlich besser als die »Alte an der Quelle«.

In Torup im Kreis Västra Göinge erwischte Eva Wigström ein Märchen, dass auf einer uralten Legende beruht und ansonsten nie in Schweden aufgezeichnet werden konnte: »Der Begleiter«. Nachdem wir über Schwänke lachen und uns über wundersame Rettungen freuen durften, bringt uns dieser religiös-philosophische Text zum Nachdenken.

Ein wenig grübeln dürfen wir auch beim folgenden Märchen, das wir gut kennen: »Die goldene Gans«. Eva Wigström hat es in Osby aufgeschrieben. Der Held heißt ausgerechnet Aschenpott …

Bevor uns das auf eine falsche Fährte führt, verabschieden wir uns von Eva Wigström. Ihre Märchen wirken frisch und trotz vieler tradierter Stoffe originell. Frau Wigström stammte aus ihrem »Sammelgebiet« und kannte die vorwiegend ländlichen Milieus; sie hatte sicher einen besonders guten Draht zu den Märchenerzählern. Davon zeugen die vielen zum Teil pikanten Details und Ausschmückungen; so etwas vertraute man wohl nicht jedem Fremden an. Wir dürfen nicht vergessen, dass Schweden damals ein armes, bäuerliches und rückständiges Land war. Zehntausende wanderten nach Amerika aus, Kirchen und Sittlichkeitsvereine reglementierten das Geistesleben und trieben Schriftsteller wie August Strindberg oder Wigströms schonischen Landsmann Ola Hansson außer Landes – beide Autoren waren übrigens sehr an den Märchen und Sagen ihrer Heimat interessiert.

Wir bleiben noch im Norden Schonens und wechseln nur den Reiseleiter. Unser neuer ortskundiger Begleiter heißt David Julius Billengren. Er wurde am 20. Juli 1802 in Äsphult geboren und wirkte ab 1841 als Provinzialarzt in Ljungby im nördlich an Schonen grenzenden Regierungsbezirk Kronoberg. In Ljungby befindet sich übrigens heute das schwedische Märchenmuseum. Wenn ich Billengren jetzt einen »Zuträger« nenne, ist das nicht abwertend gemeint. Er gehörte zu denen, die das große Projekt von Gunnar Olof Hyltén-Cavallius und George Stephens unterstützten, schwedische Märchen zu sammeln. Sein Beitrag »Goldäpfel mit Silberblättern« wäre wohl ohne Nennung seines Namens in die große Sammlung eingegangen, wäre deren Veröffentlichung nicht wegen kommerziellen Misserfolgs nach dem ersten Band eingestellt worden. So blieb der Name Billengren auf dem Manuskript im Nachlass bewahrt.

Wechseln wir nun endgültig in die an Schonen nördlich angrenzende Provinz Småland. Wir haben nun die Ehre, von den berühmtesten Märchensammlern Schwedens geführt zu werden, von Gunnar Olof Hyltén-Cavallius und George Stephens höchstpersönlich! Die Bedeutung dieser beiden Enthusiasten für die Bewahrung schwedischer Volksmärchen ist etwa jener der Brüder Grimm in Deutschland vergleichbar. Gunnar Olof Hyltén-Cavallius wurde am 18. Mai 1818 in Vislanda in Småland geboren. Sein Vater, der Probst Carl Fredrik Cavallius, war ein begabter Märchenerzähler, begeisterte seinen Sohn für die Volkspoesie und wies ihn darauf hin, dass die mündliche Erzähltradition im Aussterben begriffen war. So widmete sich Hyltén-Cavallius, der 1839 bis 1859 Amanuensis der Königlichen Bibliothek in Stockholm war, zusammen mit seinem Freund George Stephens (1813–1895), einem aus Liverpool stammenden Archäologen und Sprachwissenschaftler, der Bewahrung und Erforschung schwedischer Volksmärchen. Von 1844 bis 1849 erschien die berühmte Sammlung »Svenska sagor och äfventyr« (Schwedische Sagen und Abenteuer), die 1848 in Wien auch eine deutsche Ausgabe erlebte (ein Reprint erschien 1978 im Zentralantiquariat der DDR).

Im Süden Smålands entdeckten Hyltén-Cavallius und Stephens unter anderem den »Jungen, der mit dem Riesen um die Wette aß«, ein weiteres Beispiel für die Konstellation kluger Junge – dummer Riese sowie »Die Riesenhütte, deren Dach aus lauter Würsten bestand«. In der deutschen Fassung dieser Horrorgeschichte sind die Hauptrollen mit Hänsel und Gretel besetzt; in Schweden wurde das Knusperhäuschen durch eine Riesenhütte mit einem Belag aus Würsten ersetzt; man mag gar nicht daran denken, woraus diese gemacht wurden …

Wir wechseln nun vorübergehend den Reisebegleiter und begeben uns in die Obhut von Sven Sederström aus

Aringsås bei Alvesta. Sederström (1810–1846) war ein religiöser Fanatiker, später Maler und einer der fleißigsten »Zuträger« von Hyltén-Cavallius und Stephens, denn er war arm und krank und verdiente so ein wenig hinzu. Er begrüßt uns mit der spannenden Kriminalgeschichte »Der diebische Schustergeselle«, einem sehr modern anmutenden Anti-Märchen, denn hier basiert der Erfolg des Helden nicht zuletzt auf dem Aberglauben seiner Mitmenschen.

Sven Sederströms Märchen gründen ebenfalls in der mündlichen Überlieferung, doch sie zeigen eine literarische Ausformung, die sicher den erzählerischen Ambitionen des Sammlers geschuldet ist. Vielleicht ist es sogar ein Glücksfall, dass seine Märchen nicht in die Ausgabe von 1844–1849 Eingang fanden und in der Form des Manuskripts bewahrt wurden. »Der Braten für den Pastor« verbindet verschiedene europaweit bekannte Motive mit der typisch nordischen Troll-Szenerie. »Die stehlenden Brüder« agieren ganz in der historischen Gegenwart; in dieser Schelmengeschichte ist die Kritik am Aberglauben besonders witzig und deutlich formuliert. Eine zeitlose Parabel über Gut und Böse wird in »Der Lindwurm und der Bauer« erzählt, und mit dem »kleinen Knös« lernen wir einen Ahnen von Superman und anderen Helden des Medienzeitalters kennen.

Nun übernimmt ein weiterer »Zuträger« die Führung und geleitet uns in den Südwesten Smålands. Dort werden wir mit einem Katzenmärchen begrüßt; es heißt: »Ehrlich währt am längsten und mehrt sich, Unrecht schmilzt wie Schnee bei Tauwetter«. Die bereits im Titel formulierte Moral deutet darauf hin, dass eine an sittlicher Verbesserung der Menschen interessierte Person die Schreibhand im Spiel hatte. Kein Wunder, der »Zuträger« ist niemand anderes als der Vater von Gunnar Olof, Probst Carl

Fredrik Cavallius (1871–1857). Deshalb begegnen wir in »Die Rübe« sogar Sankt Petrus und Unserem Herrn und erfahren in »Der Löwe«, dass alles gut wird, wenn man Hexen auf öffentlichen Plätzen bei lebendigem Leibe verbrennt.

Wir wandern nun ein Stück nach Norden und landen in Östergötland. »Der wunderbare Hecht« verspricht dem Fischer eine Belohnung für seine Freilassung, und zum Schluss herrschen die Söhne des braven Mannes über zwei Königreiche.

Von Östergötland geht es in Richtung Norden ins Landesinnere nach Dalarna – Sie wissen schon, wo die Holzpferde herkommen ... Dort erleben wir, wie ein Hütejunge durch gezielt verbreitete Indiskretionen reich wird; das Märchen heißt »Der Junge, der die Hasen des Bergkönigs hütete«.

Von Dalarna geht es ins angrenzende Västmanland in »Das Schloss, das auf goldenen Pfählen stand«. Wenn Sie noch nicht wussten, was ein »running gag« ist – hier erleben sie einen, im wahrsten Sinne des Wortes! Und sie lernen einen schwedischen ungestiefelten Kater kennen, der seinem beschuhten deutschen Verwandten in nichts nachsteht.

Von Västmanland begeben wir uns ein Stück nach Osten, in die Gegend zwischen Vaxholm und Norrtälje. Dabei passieren wir die Hauptstadt Stockholm, in der Gunnar Olof Hyltén-Cavallius übrigens von 1856 bis 1860 Direktor der Königlichen Theater war, und befinden uns in einem Landstrich, der Roslagen heißt. Hier hat Carl Osswall Dammgren Volksmärchen gesammelt, doch über seine Person ist leider nichts überliefert. In alten Zeiten herrschte in Roslagen offenbar große Not, denn im Märchen muss ein armer Bauer sogar seine Tochter verkaufen. Leider erweist sich diese als überaus neugierig.

Die Hexe fragt »Hast du in mein Kästchen geschaut?«, das Mädel lügt, und die Strafe folgt auf dem Fuß.

Noch ein Stück weiter nach Norden führen uns die beiden Nestoren unter den schwedischen Märchensammlern. In Uppland hören wir die schlimme Geschichte vom »Jungen, der das Riesenkind in den Brunnen fallen ließ«. Natürlich sind die schwedischen Märchenriesen böse und doof, aber hier kann einem die Familie der Großgewachsenen beinahe leid tun.

An dieser Stelle verabschieden wir uns von Gunnar Olof Hyltén-Cavallius und George Stephens, denn nun geht es in den kalten Norden. Hyltén-Cavallius dagegen zog es von Stockholm nach der südlichen Halbkugel – von 1860 bis 1864 war er Diplomat in Brasilien. Nach seiner Rückkehr gründete er in Växjö das erste Volkskundemuseum Schwedens, erwarb sich den Ruf, einer der wichtigsten Ethnologen seines Landes zu sein, und starb in Skatelöv in seinem »Märchenland« Småland am 5. Juli 1889.

Alle bisherigen Märchen stammten aus dem dichter besiedelten südlichen Drittel Schwedens, meistens aus dem ländlichen Bereich. Sie wurden auf Gutshöfen in Gesinde- und Spinnstuben erzählt und handeln vorwiegend in bäuerlichen Milieus, mit seltenen Ausflügen in höfische oder bürgerlich-städtische Gefilde. Schweden war, wie gesagt, im 19. Jahrhundert ein armes Land, deshalb hat man oft den Eindruck, dass die Königreiche nicht größer sind als Gutshöfe. Ansonsten kann man gewisse Grundmuster erkennen: Auch der redliche und/oder gewitzte Arme kann sein Glück machen; es trifft meistens den dritten Sohn und die jüngste Prinzessin. Riesen sind dumm, Stiefmütter heimtückisch, Trollfrauen und Hexen bösartig und gefährlich, aber mit Herzensgüte und/oder List durchaus zu besiegen.

Ganz anders verlief das Leben im hohen Norden Schwedens. Hier lebten Jäger, Fischer, Holzfäller und Rentierzüchter, die Tundra und das Bergland waren (und sind) dünn besiedelt. Die ursprünglich nomadische Bevölkerung, zumeist Lappen beziehungsweise Samen, wie die heute korrekte Bezeichnung lautet, führte einen ständigen Kampf mit der Natur und den Geistern. Die Riesen des Nordens hießen Stalo und waren ebenso dumm wie ihre Artgenossen im Süden. Reisen wir also viele hundert Kilometer nach Norden. Unser Begleiter ist Johan Herman Hofberg, geboren am 11. Juni 1823, gestorben am 28. April 1883. Hofberg wirkte als Arzt in Edberg im Regierungsbezirk Örebro, schrieb ein geografisch-historisches Lesebuch für Heim und Schule und widmete sich dem schwedischen Volksleben sowie der Regional- und Altertumsforschung. Sein Buch »Svenska folksägner samlade och försedda med historiska och etnografiska anmärkningar« (Schwedische Volkssagen gesammelt und mit historischen und ethnografischen Anmerkungen versehen) erschien 1882 (und in einer faksimilierten Neuausgabe 1983). Die Übergänge von Märchen und Sagen sind fließend. In den Sammlungen von Wigström und Hyltén-Cavallius finden sich einige Märchen, die aufgrund ihrer Ortsbezogenheit eher den Sagen zuzuordnen wären, während einige der Volkssagen in Hofbergs Buch durchaus als Märchen bezeichnet werden können. »Die Lappschlittenfahrt« notierte Herman Hofberg in Umeå, der größten Stadt der Provinz Västerbotten. Noch weiter im Norden, in Lappland, fand er »Die Braut des Riesen«, die ihrem ungeliebten Gemahl durch eine List des Vaters entkommt. Den Band beschließt eine lustige Geschichte, in welcher »Der listige Lappe« einen tumben menschenfressenden Stalo zum Narren hält.

Leider ist unsere Märchenreise durch Schweden nun zu Ende. Ich habe Ihnen bevorzugt Texte vorgestellt, die noch nie oder seit 1848 nicht mehr ins Deutsche übertragen wurden, in bewusster Abgrenzung zu den Ausgaben schwedischer Volksmärchen in deutscher Sprache, die es in den letzten Jahrzehnten gegeben hat. Alle Märchen wurden für diesen Band neu beziehungsweise erstmals übersetzt. Und ich habe Wert darauf gelegt, dass möglichst viele Regionen Schwedens vertreten sind, damit sich die Reise auch lohnt, wie man so schön sagt.

Ihnen ist kalt? Dann liegt es daran, dass Sie sich noch immer in Lappland befinden. Schließen sie kurz die Augen. Wenn Sie sie wieder aufmachen, sind Sie wieder an dem Ort, an dem Sie dieses Buch aufgeschlagen haben.

Hönow, im Mai 2014   *Erik Gloßmann*

Die drei hässlichen alten Weiber

Eine junge Magd spazierte einmal allein einen Weg entlang, da vernahm sie Pfeiftöne, die von irgendwoher an ihr Ohr drangen. Ohne darüber nachzudenken, zählte sie mit. »Eins«, sagte sie laut, und nach einer Weile »zwei«, und so ging es immer weiter, bis dreizehn.

Ein vornehmer Herr lief hinter ihr, und als er sie zählen hörte, schloss er zu ihr auf, fasste sie am Arm und fragte: »Was zählst du da, junge Dame?«

Nun kann man nicht immer auf alles eine Antwort parat haben. Das Mädchen aber wollte nicht als dumm dastehen, deshalb antwortete es schnell: »Oh, ich zähle nur die Flachsknäuel, die ich heute versponnen habe.«

Was für ein flinkes und fleißiges junges Ding, dachte der vornehme Herr. Ich hätte wohl Lust, es zu meiner Frau zu machen. Und wie gedacht, so kam es auch: Sie verlobten sich.

Für die junge Magd war es eine gute Sache, denn der Bräutigam war sowohl reich als auch vornehm. Allerdings hatte sie noch nie an einem Spinnrad gesessen. Was, wenn ihr Zukünftiger eine Probe ihres Könnens und ihres Fleißes verlangte? Tag und Nacht grübelte sie, wie sie die Prüfung bestehen könnte. Als sie wieder einmal in den Wald gegangen war, um in Ruhe nachzudenken, brach sie sogar in Tränen aus – wegen der unseligen dreizehn Flachsknäuel natürlich.

Da trat aus einem Felsen ein altes Weib, dessen Hintern so breit war, dass man daraus zwei Stalltüren hätte machen können. »Was fehlt dir, mein schönes Kind?«, erkundigte es sich freundlich.

Weinend bekannte die junge Magd, was geschehen war und dass sie Angst habe, auf die Probe gestellt zu werden. Sie könne doch weder spinnen noch weben oder gar nähen; das habe sie alles nie gelernt.

»Dir kann geholfen werden«, versprach das alte Weib. »Wenn du mich und meine beiden Schwestern zur Hochzeit einlädst, dann musst du dir keine Sorgen machen. Du sollst mich als deine Großmutter und meine Schwestern als deine Tanten begrüßen. Eines kann ich dir aber vorher sagen: Hübscher als ich sind sie nicht.«

Das Mädchen versicherte, sie dürften gern kommen, und wären sie doppelt so breit. Sie würde alle drei gern als ihre Verwandten präsentieren, bekäme sie nur Hilfe, falls man Proben ihres Könnens verlangte. Die Alte meinte, die Breite sei bei ihren Schwestern nicht das Problem, aber das Mädchen werde ja selbst sehen, hielte es sein Versprechen, so wie sie ihres zu halten gedachten.

Der reiche Bauer lud sie rechtzeitig ein, und so erschienen unter den Gästen drei alte Weiber, wie man sie noch nie gesehen hatte. Das eine brauchte drei Stühle zum Sitzen, das zweite hatte Ohren, die bis auf die Schultern herab hingen, und das dritte hatte seine Brüste auf den Rücken geworfen. Jedem, der es hören wollte, erzählte die Braut, bei den drei Alten handele es sich um ihre Großmutter und ihre beiden Tanten. Als der Bräutigam vernahm, dass nahe Verwandte seiner Frau eingetroffen seien, musste er natürlich mit ihnen reden. Da er nicht besonders feinfühlig war, erkundigte er sich rundheraus nach ihrem Aussehen:

»Warum seid Ihr so breit?«, fragte er die vermeintliche Großmutter.

»Ach, lieber Herr, ich habe so viel am Spinnrad gesessen, dass mein Hintern sich so entwickelt hat«, antwortete die Alte.

»Dann soll meine Frau niemals spinnen«, sagte der Mann erschrocken. Dann ging er zur ersten der beiden Tanten. »Warum sind Eure Ohren so lang?«, wollte er wissen.

»Weil ich so viel genäht habe in meinem langen Leben. In meinem Fleiß habe ich die Nadel samt Faden so oft durch meine Ohrläppchen gestochen, dass sie immer länger wurden. So etwas kann schnell passieren.«

»Davor soll meine Frau verschont bleiben!«, rief der Mann. »Niemals lasse ich sie nähen!« Schließlich ging er zu dem dritten alten Weib und fragte, warum es so riesige Hängebrüste habe.

»Das ist leicht zu erklären«, meinte die angebliche Tante. »Ich habe die meiste Zeit am Webstuhl gesessen. Als ich verheiratet war, bekam ich viele Kinder. Um meine Arbeit nicht zu versäumen, warf ich die Brüste immer über die Schultern und stillte die Kleinen auf meinem Rücken. Ja, mein Herr, wenn man fleißig weben will, muss sich alles andere unterordnen.«

»Um Gottes Willen! Meine Frau soll niemals an einem Webstuhl sitzen müssen«, rief der erschrockene Bräutigam. So war die junge Braut von ihrer großen Sorge befreit, und im großen Ganzen war es nur eine dumme kleine Bemerkung gewesen, der sie alles zu verdanken hatte.

(Ystad, Schonen)

22

Holzkäppchen

In jener Zeit, als alle Tiere sprechen konnten, geschah es, dass zwei Kinder, ein Junge und ein Mädchen, ihre Eltern verloren und nichts anderes erbten als eine Kuh und einen Hund. Der Junge, der älter war, wählte zuerst und nahm die Kuh; also erhielt das Mädchen den Hund.

»Du wirst es nicht bereuen, dass du mich bekommen hast«, sprach der Hund. »Wenn du meinen Rat befolgst, wird es dir nicht schlecht ergehen.« Der Junge zog mit seiner Kuh davon, um sie zu verkaufen, während sich das Mädchen und der Hund auf den Weg machten, das Glück zu suchen.

Als sie eine Weile gegangen waren, kamen sie an einen Herrenhof. Da riet der Hund dem Mädchen, es solle hineingehen und um das schlechteste Seidenkleid der Gutsherrin bitten. Das Mädchen hielt dieses Ansinnen für dreist, denn es war ausgesprochen ärmlich gekleidet – Kappe und Schürze bestanden nur aus Holz und Birkenrinde. Doch der Hund meinte, es solle nur seinen Mut zusammennehmen, und alles würde gut gehen. Da betrat das Mädchen den Hof und bat um ein altes Seidenkleid, und siehe da, die Herrin gab es ihr. »Leg es auf meinen Rücken und lass uns weiterziehen!«, sagte der Hund, und so gingen sie weiter, bis sie den nächsten Herrenhof erreichten.

»Geh nun hinein und bitte um das zweitbeste Seidenkleid der Gutsherrin, das mit der Silberborte!«, sagte der Hund. Das Mädchen befolgte seinen Rat und kam mit genau diesem Kleid wieder heraus. »Leg es auf meinen Rücken und lass uns weiterziehen!«, sagte der Hund, und so wanderten sie weiter, bis sie zu einem dritten Herrenhof kamen. Dort sprach der Hund zu dem Mädchen:

»Geh nun hinein und bitte um das beste Seidenkleid der Gutsherrin, das mit den goldenen Borten!« Das Mädchen fürchtete sich fast, diesen dreisten Wunsch vorzutragen, doch der Hund ermunterte es, seinen Rat zu befolgen. So ging es hinein, bat um das prächtige Kleid – und bekam es. »Leg es auf meinen Rücken und lass uns weiterziehen!«, sagte der Hund, und sie liefen weiter, bis sie das Schloss des Königs erreichten. »Geh hinein und bitte um irgendeine Arbeit«, sagte der Hund. »Für eine kurze Zeit müssen wir uns trennen, aber nur so lange, bis du mich brauchst.« Sie verabschiedeten sich, und der Hund trabte mit den drei Seidenkleidern davon. Das Mädchen lief zum Schloss und fragte, ob es dort eine Anstellung finden könne.

Die Höflinge, Diener und selbst die Küchenjungen fanden es überaus lustig, dass ein Mädchen, das eine Schürze aus Rinde und ein Käppchen aus Holz trug, ausgerechnet im königlichen Schloss dienen wollte. Man erkundigte sich höhnisch, welche Aufgabe *Holzkäppchen* denn übernehmen wolle. »Jede beliebige, wenn ich nur hier dienen darf«, antwortete das Mädchen. »Schickt sie zu mir!«, rief der Koch, und die Küchenjungen und Küchenmädchen freuten sich, jemanden zu haben, mit dem sie Schabernack treiben konnten. So landete Holzkäppchen in der Küche und musste allen zu Diensten sein.

Als das Mädchen einige Tage auf dem Schloss war, meinten die Bediensteten, nun müsse auch der König das Vergnügen haben, über Holzkäppchen zu lachen. Deshalb befahl man dem armen Mädchen, Waschwasser zum König hinauf zu tragen. Es gehorchte, und als der König sah, wen man ihm als Kammerjungfer geschickt hatte, konnte er sich vor Lachen kaum halten und kippte Holzkäppchen das Wasser über den Kopf.

»Na, wie war es?«, erkundigten sich alle, als das Mädchen wieder in die Küche kam. »Der König hat mich mit

Wasser begossen. Ich möchte nicht mehr dort hinauf gehen«, sagte das Mädchen traurig. »So etwas muss ein Holzkäppchen aushalten«, höhnten der Koch und die Diener. »Wie man gekleidet ist, wird man auch behandelt.«

Am nächsten Morgen befahlen sie Holzkäppchen, dem König das Handtuch zu bringen. Wieder lachte er, und da er ihr nichts über den Kopf kippen konnte, schlug er ihr das Handtuch über die hölzerne Kappe. Wieder amüsierte sich das Küchenpersonal prächtig. Am dritten Morgen beschloss man, Holzkäppchen möge dem König den Kamm bringen. Das Mädchen tat es, er lachte schallend und warf ihn nach ihr.

Der folgende Tag war ein Sonntag, und der König wollte mit dem ganzen Hof zur Kirche fahren. Auch der Koch und das Küchenpersonal sollten mit, aber wer würde das Essen vorbereiten? »Das kann ich doch machen«, sagte Holzkäppchen, »denn in meinen Kleidern passe ich zwar ins königliche Schloss, nicht aber in die Kirche.« Da hatte das Mädchen wohl Recht, denn in einem Gotteshaus darf man einen Menschen nicht einfach so zum Narren machen. Dafür lachte das Küchenpersonal laut auf, als feststand, dass Holzkäppchen das Essen des Königs zubereiten würde.

Als das letzte Kichern verstummt war, fiel ihnen ein, dass der König die Tatsache, dass Holzkäppchen sein Essen zubereiten wollte, sicher ebenso lustig finden würde wie sie. Also meinten sie, Holzkäppchen solle es versuchen, und machten sich auf den Weg zur Kirche.

Als alle weg waren und sich nur noch das Mädchen im Schloss aufhielt, fuhr der Hund mit zwei Pferden und einer schönen Kutsche vor. Er kam in die Küche, zog dem Mädchen die Rindenschürze aus und gab ihm das einfachste der drei Seidenkleider, das es sich erbettelt hatte.

Dann putzte er es heraus wie eine feine Hofdame und erklärte ihm, es solle sich in die Kutsche setzen und sagen: »Helles vorn und Dunkles hinten, niemand sieht, woher ich komme und wohin ich fahre«. Dann sollte sie zur Kirche kutschieren, hineingehen und sich auf die Bank genau vor dem König setzen. Nach dem Amen des Pastors sollte sie sofort hinauseilen, in den Wagen steigen und den Spruch wiederholen, dann käme sie zurück ins Schloss, wo der Hund bereits das Essen zubereitet hätte.

Das Mädchen befolgte die Anweisungen des Hundes. Als sie die Kirche betrat, rissen alle die Augen auf; so eine schöne Dame hatte noch niemand gesehen. Auch der König konnte den Blick nicht von ihr wenden. Als sich die Predigt dem Ende zuneigte, schickte er den geringsten seiner Kammerjunker zu ihr mit der Frage, wo sie wohl zu Hause sei.

»Grüße den König und sage ihm, ich wohne im *Wasserland*«, antwortete sie. Der König wusste nicht, wo dieses Land zu finden war, aber er wollte später seine Höflinge danach fragen. Im Moment war es ihm wichtiger, die schöne Dame anzusehen. Als der Pastor das Amen sprach, rannte sie aus der Kirche, sprang in den Wagen und rief: »Helles vorn und Dunkles hinten, niemand sieht, woher ich komme und wohin ich fahre!« So erreichte sie ungesehen das Schloss. Hier hatte der Hund schon das Essen fertig und half dem Mädchen, das Seidenkleid auszuziehen und die Rindenschürze wieder anzulegen. Dann fuhr er mit der Kutsche davon. Als der Hofstaat zurückkehrte, putzte Holzkäppchen gerade die Küche.

Der Koch wunderte sich über das gute Essen, das er selbst nicht besser hätte zubereiten können. Er meinte, Holzkäppchen habe bei ihm so gut Kochen gelernt, deshalb könnten am nächsten Sonntag wieder alle zur Kirche fahren. Dann sprachen sie über die schöne unbekannte

Dame. »Und niemand hat sie je zuvor gesehen?«, fragte das Mädchen.

»Holzkäppchen, du hältst den Mund, wenn wir uns unterhalten«, rügte der Koch, und die Bediensteten sagten: »Was geht dich das an, du bist viel zu dumm, als dass wir dir antworten würden.«

Am nächsten Sonntag lief es genauso, aber diesmal hatte der Hund das Kleid mit der Silberborte mitgebracht. Dazu trug das Mädchen silberne Schuhe und sah beinahe aus wie eine Prinzessin. Der König meinte jedenfalls, sie sähe aus wie eine solche. Er schickte seinen zweithöchsten Kammerherren zu ihr, um ihr Grüße zu übermitteln und zu fragen, woher sie komme.

»Ich erwidere die Grüße des Königs«, ließ das Mädchen ausrichten. »Sagt ihm, ich komme aus dem *Handtuchland*.« Aber gerade, als der zweithöchste Kammerherr dem König diesen Bescheid überbrachte, sagte der Pastor Amen, und im Handumdrehen war die schöne Dame aus der Kirche verschwunden. Der König, der Hofstaat, der Koch, die Küchenmädchen und die Diener eilten hinterher, aber die Kutsche verschwand so schnell im Dunkeln, dass sie nichts erkennen konnten. Als sie ins Schloss kamen, war der Hund fort, das Essen fertig und Holzkäppchen trug die gewohnte Kleidung. Der ganze Hof und vor allem der König sprachen nur noch von der schönen Dame, aber niemand wusste, wo das Handtuchland lag. Nicht einmal der Koch und die Diener, die sonst immer alles erfuhren.

»Weiß es denn wirklich niemand?«, fragte das Mädchen, aber der Koch fiel ihr ins Wort: »Holzkäppchen, halt den Mund, wenn kluge Leute reden!«

Am dritten Sonntag sollte Holzkäppchen wieder allein im Schloss bleiben, denn alle wussten, dass der König beschlossen hatte, die schöne Dame zu fangen, und wollten dabei sein. Diesmal hatte der Hund das Seidenkleid mit den goldenen Borten mitgebracht und zog dem Mädchen goldene Schuhe an. So erschien es dem König und allen anderen als die schönste aller schönen Prinzessinnen.

Er schickte nun seinen obersten Kammerherren zu ihr, um zu fragen, aus welchem Land sie denn komme. Aber niemand wurde klug aus der Antwort, sie stamme aus dem *Kammland*, und genauso wenig war bekannt, wo dieses Land liegen könnte. Der König aber dachte: Diesmal entkommt sie mir nicht! Als der Pastor das Amen sprach und die schöne Dame hinauseilte, rannte er ihr hinterher. Die vermeintliche Prinzessin musste so schnell laufen, dass sie einen ihrer goldenen Schuhe verlor. Sie ließ ihn liegen, sprang in die Kutsche, rief »Helles vorn und Dunkles hinten, niemand sieht, woher ich komme und wohin ich fahre!« und erreichte wiederum ungesehen das Schloss. Aber der König und der ganze Hofstaat waren ihr so nahe auf den Fersen, dass der Hund es gerade noch schaffte, ihr den einen goldenen Schuh abzustreifen und die gewohnten Sachen samt Rindenschürze über das prächtige Kleid zu ziehen. Dann raste er mit der Kutsche davon, kurz vor dem Eintreffen des Hofstaates. Der goldene Schuh blieb liegen; Holzkäppchen musste ihn verstecken, so gut es ging.

Das Essen war gut, aber der König brachte kaum einen Bissen herunter. Er hatte die schöne Dame nicht fangen können und starrte immer wieder auf den goldenen Schuh in seiner Hand.

Weil der König nicht aß, wagte auch kein anderer, die Gabel zu rühren, nicht einmal der Koch und sein Gefolge. Alle sprachen nur vom König, der Dame und dem kleinen goldenen Schuh.

»Dass niemand weiß, wer diesen Schuh getragen hat«, wunderte sich das Mädchen. Diesmal bekam es beinahe

Schläge, weil es gewagt hatte zu reden, wo doch alle so betrübt waren und nicht von dem guten Essen kosten durften.

Als der König so da saß und auf den kleinen goldenen Schuh starrte, fand er diesen so hübsch und zierlich, dass er meinte, die, die ihn tragen könne, solle es wert sein, Königin zu werden, und sei sie auch längst nicht so schön wie die unbekannte Dame. Er ließ deshalb bei Hofe verbreiten, er nehme die zur Frau, der dieser goldene Schuh passe. Die Hofdamen versuchten nun mit Gewalt, ihre Füße in den goldenen Schuh zu zwängen; einige schnitten sich sogar Zehen oder die Ferse ab, aber es half nichts.

Der König saß betrübt in seiner königlichen Kammer und dachte an die schöne Dame, die verschwunden war, da hörte er seinen Papagei sprechen: »Sie beschneiden die Fersen, sie beschneiden die Zehen, doch in der Küche sieht man die Richtige gehen.« Da befahl der König, dass alle Frauen in der Küche den Schuh anprobieren sollten, aber keiner passte er. Nun erinnerte sich der König an Holzkäppchen und wies an, dass auch sie versuchen sollte, in den goldenen Schuh zu schlüpfen. Alle lachten schon im Voraus, doch als das Mädchen seine Holzschuhe auszog, sah man die goldenen Borten des Seidenkleides unter der Rindenschürze hervorschimmern, und als sie den Schuh anzog, passte er wie angegossen. Nun zeigte es noch den zweiten goldenen Schuh dazu, und alle erkannten in Holzkäppchen die schöne fremde Dame. So wurde Holzkäppchen zur Königin, und als solche vergaß sie nie, dass ihr Erbteil einst nur aus einem Hund bestanden hatte.

(Gemeinde Reslöv, Kreis Onsjö, Schonen)

Der rothaarige Verlobte

Vor langer Zeit lebte ein wunderschönes Mädchen, das hatte viele Freier, aber es sagte immer nein, wenn sie um ihre Hand anhielten. Es hatte sich in den Kopf gesetzt, unbedingt einen Mann mit roten Haaren und rotem Bart zu heiraten.

Eines Tages geschah es, dass ein Mann mit roten Haaren und rotem Bart zu dem Haus dieses Mädchens kam. Er sagte, er habe gehört, sie wünsche sich einen Mann seines Aussehens, und deshalb wolle er sie nun freien. Das Mädchen konnte schlecht nein sagen, denn genau so einen Mann hatte es sich ja gewünscht. Also verlobten sie sich, obwohl das Mädchen weder wusste, aus welcher Familie er stammte noch wo er seinen Hof hatte.

Der Verlobte kam oft zu Besuch, und eines Tages fragte er, ob das Mädchen nicht seine Heimat kennen lernen wolle. Es antwortete, es habe sehr wohl Lust dazu, aber es wisse ja nicht den Weg. Er sagte, sein Hof liege weit im Wald, aber er werde an einem bestimmten Baum ein Band befestigen, dem sie nur folgen müsse, um zu seinem Anwesen zu gelangen. Das Mädchen dankte ihm und versprach, am nächsten Sonntag zu kommen. Leider war es an diesem Tag verhindert, aber am Montag machte es sich auf den Weg.

Der Hof war leicht zu finden, denn der Verlobte hatte das Band sorgsam gespannt, so dass sich das Mädchen nicht verlaufen konnte. Als es das Anwesen erreichte, schien niemand zu Hause zu sein. Es betrat den ersten Raum und sah, dass überall Äxte an den Wänden hingen. Da der Verlobte nie erzählt hatte, welchem Beruf er nachging, glaubte das Mädchen, er wäre Zimmermann. Als es jedoch in den zweiten Raum kam, hingen dort überall Schwerter an den Wänden, und nun schien es, als wäre er Soldat. Als das Mädchen aber den dritten Raum betrat, stand da ein Hackklotz, in dem ein Beil steckte. Nun wusste es gar nicht mehr, welchen Beruf ihr Verlobter haben könnte.

Im selben Raum saß eine alte Frau am Herd, und als das Mädchen erklärte, es sei gekommen, um seinen Verlobten zu besuchen, wurde es von der Frau gründlich gemustert. Die Frau fand, das Mädchen mache einen guten Eindruck, und es tat ihr leid, es an einem solchen Ort zu sehen. Sie verriet deshalb, dass der Verlobte ein grausamer Waldräuber sei. Zum Beweis, dass sie die Wahrheit gesagt hatte, führte sie das Mädchen in den vierten Raum, an dessen Wänden kopflose Leichen hingen. Das Mädchen bekam große Angst und wollte fliehen, aber die Alte riet ihm, nicht einfach in den Wald zu rennen, denn dort liefe sie den Räubern geradewegs in die Arme. Es solle lieber warten, bis die Schurken im Haus seien, dann wolle sie ihr schon helfen, davonzukommen.

Während sie miteinander sprachen, kehrten die Räuber zurück, und die Alte versteckte das Mädchen unter einem Bett. Von dort beobachtete es, wie sein Verlobter und ein anderer Räuber die Leiche einer jungen Frau hereintrugen, die ein kostbares Kleid und an einem Finger drei wertvolle Ringe trug. Der Verlobte versuchte vergeblich, die Ringe von dem Leichenfinger abzuziehen. Also legte er die Hand auf den Klotz, nahm das Beil und hackte den Finger ab, der weg sprang und geradewegs unter dem Bett landete. Das Mädchen war mehr tot als lebendig, als sich der Räuber herunterbeugte, um nach dem Ringfinger zu suchen, doch zum Glück rief die Alte, nun sei das Essen fertig, und sie könnten doch später weitersuchen. Die Räuber setzten sich an den Tisch und aßen, tranken und sangen, bis

31

sie so berauscht waren, dass sie auf den Fußboden sanken und zu schnarchen begannen. Wenn das Mädchen hinaus wollte, musste es also über die Körper der Männer steigen.

Mit Hilfe der Alten tastete es sich voran, aber einer der Räuber wachte auf und packte es am Rock. Es war stockdunkel, so dass er das Mädchen nicht sehen konnte, und da die Alte behauptete, er habe sie erwischt, ließ er wieder los. Als das Mädchen aus dem Haus war, rannte es los, immer an den Bändern entlang, bis nach Hause. Den abgehackten Finger hielt es noch immer in der Hand.

Am nächsten Sonntag kam der Verlobte zu Besuch und wollte wissen, warum das Mädchen nicht zu seinem Hof gekommen sei.

»Ach, ich hatte einen so seltsamen Traum, dass ich erst mit dir reden wollte«, antwortete es.

»Was hast du denn geträumt?«, erkundigte er sich.

»Ich kam auf deinen Hof, aber niemand war zu Hause. Im ersten Raum hingen Äxte an den Wänden, im zweiten Schwerter, und im dritten stand ein Hackklotz, in dem ein Beil steckte«, antwortete das Mädchen.

»Träume sind Schäume«, erwiderte der Verlobte.

»Sicher hat das nichts zu bedeuten, deshalb erzähle ich dir ja den Traum. Im dritten Raum saß eine alte Frau; sie sagte, mein Verlobter sei ein Waldräuber und zeigte mir ein weiteres Zimmer, in dem viele Leichen hingen …«

»Träume sind Schäume«, beruhigte er wieder.

»Ja, und dann kamen die Räuber heim, und ich versteckte mich unterm Bett. Ich sah, wie du eine Leiche herein trugst, der du einen Finger abhacktest. Und der fiel unter das Bett.«

»Träume sind Schäume.«

»Ja, und als die Räuber dann schliefen, rannte ich davon. Dann träumte ich, dass du hierher kamst, und ich zeigte dir diesen Finger!«

Damit hielt ihm das Mädchen den abgehackten Leichenfinger vors Gesicht.

Der Räuber fiel auf die Knie, gestand all seine Verbrechen und bat um eine strenge Strafe. Die bekam er, während die alte Frau, die nie Böses getan hatte, sondern selbst eine Gefangene gewesen war, zu dem Mädchen zog. Und als sich wieder ein Freier einstellte, schaute das Mädchen nicht zuerst auf sein Haar, denn als es nur nach dem Äußeren gewählt hatte, war es beinahe schlimm ausgegangen.

(Gemeinde Reslöv, Kreis Onsjö, Schonen)

Dummerjöns

Vor langer Zeit hatte ein König eine einzige Tochter, die so klug war, dass sie stets das letzte Wort behielt, wenn jemand mit ihr sprach. Aber sie war zugleich so sanftmütig, dass sie nie unbeherrscht auftrat oder einem Menschen widersprach.

Viele Freier traten vor diese Prinzessin, aber sie wies alle ab. Als sich der König deshalb wunderte und nach der Ursache fragte, antwortete sie: »Nur der kann mein Mann werden, der im Gespräch mit mir das letzte Wort behält und es außerdem vermag, mich so zu reizen, dass ich ihm im Zorn eine Grobheit an den Kopf werfe.«

Der König, der seine einzige Tochter gern verheiraten wollte, ließ nun im ganzen Land bekannt machen, dass derjenige, der ihr richtig antworten und sie wütend machen könne, sie heiraten dürfe und das halbe Reich erben würde. Nun gab es da einen Mann, der hatte drei Söhne. Die beiden älteren galten als sehr verständig, während der jüngste im Ruf stand, ein Einfaltspinsel zu sein, weshalb man ihn Dummerjöns nannte. Die beiden älteren Söhne beschlossen, um die Prinzessin zu werben, denn sie meinten, sie seien klug genug, die Bedingungen zu erfüllen. Auch ihr Vater glaubte, einer von ihnen könnte die Prinzessin gewinnen. Deshalb ließ er seine besten Pferde anspannen, und die festlich gekleideten Söhne rollten im neuen Wagen vom Hof. Sie waren noch nicht lange gefahren, da hörten sie jemanden schreien. Es war Dummerjöns, der ihnen hinterher rannte und rief, er wolle mit. Die Brüder lachten und meinten, da müsse er sich schon hinten an den Wagen hängen; einen besseren Platz könnten sie ihm nicht bieten. »Das wird schon gehen«, sagte Dummerjöns und klammerte sich an die Rückwand.

Als sie so ein Stück gefahren waren, entdeckte er eine tote Elster, die auf dem Weg lag. Er hob sie auf und zeigte sie seinen Brüdern. »Wirf sie weg, was willst du denn damit?«, sagten sie. »Wer weiß, wozu sie gut ist«, antwortete Dummerjöns und steckte sie in die Tasche. Als sie wieder ein Stück gefahren waren, lag das Horn eines Ochsen auf dem Weg. Dummerjöns hob es auf, mit der Bemerkung, man wisse nicht, wozu es dienen könne. Schließlich fand er noch ein Besenband, das er ebenfalls einsteckte, obwohl seine Brüder sich bereits über seine Antwort ärgerten, es könne zu etwas nützlich sein.

Als sie den königlichen Hof erreichten, ging zuerst der älteste Bruder in den Saal, um mit der Prinzessin zu reden. »Hier ist es warm«, stellte er fest. »In der Küche meines Vaters ist es noch wärmer«, antwortete sie. Darauf wusste er nichts zu erwidern und wurde so verlegen, dass er nur noch hinaus wollte. Genauso erging es dem zweiten Bruder. Auch er kam bald heraus, setzte sich in den Wagen und machte sich zur Abreise bereit.

»Nun will ich mein Glück versuchen!«, erklärte Dummerjöns. Als er in den Saal kam, in dem die Prinzessin wartete, fiel ihm auch nichts anderes ein als seinen Brüdern: »Hier ist es sehr warm.«

»In der Küche meines Vaters ist es noch wärmer«, antwortete die Prinzessin.

»Gut, dann kann ich ja meine Elster braten«, freute sich Dummerjöns und holte den toten Vogel hervor.

»Das Fett wird heruntertropfen«, meinte die Prinzessin.

»Nein, denn ich habe ein Ochsenhorn, um es aufzufangen«, erwiderte er.

»Das wird wegen der Hitze zerspringen«, sagte die Prinzessin.

»Oh nein, ich habe hier noch ein Besenband, das ich darumwickeln kann«, antwortete Dummerjöns und musste sich zügeln, um nicht weitere Worte hinzuzufügen.

Damit hatte Dummerjöns die erste Bedingung erfüllt, denn er hatte im Gespräch mit der Prinzessin das letzte Wort behalten. Wenn er sie jetzt noch in Wut bringen konnte, war sein Glück gemacht. Sie führte ihn nun in den Garten ihres Vaters.

»Ist er nicht groß und schön?«, fragte sie.

»Der Garten meines Vaters ist noch schöner und größer«, antwortete Dummerjöns.

»Mag sein«, sagte die Prinzessin.

So kamen sie an die Stelle, wo die Erbsen des Königs wuchsen. »Ist das nicht ein herrliches Beet?«, fragte sie.

»Mein Vater hat ein viel schöneres«, antwortete Dummerjöns.

»Mag sein«, erwiderte die Prinzessin.

»Unsere Schoten sind so groß und so zahlreich, dass ich einmal von einer zur anderen bis in den Himmel hinaufgestiegen bin«, fuhr er fort.

»Das kann sein«, sagte die Prinzessin.

»Doch als ich wieder hinunter wollte, war das Beet schon abgeerntet; nur die Ranken lagen noch da. Aus ihnen flocht ich eine Leiter und kletterte hinab.«

»Das kann schon sein«, antwortete die Prinzessin.

»Ja, aber als ich die halbe Strecke zurückgelegt hatte, riss die Leiter, und ich fiel in einen Fuchsbau«, sagte Dummerjöns.

»Kann schon sein«, erwiderte die Prinzessin.

»Ja, und dort saßen dein Vater und mein Vater, deine Mutter und meine Mutter, dein Bruder und mein Bruder und alle unsere Verwandten. Alle nahmen die Hüte ab, als sie mich erblickten, außer deinem Vater, der hatte nämlich Läuse.«

»Das ist gelogen!«, schrie die Prinzessin wütend.

»Aber ich habe dich gewonnen!«, rief Dummerjöns. Und so heiratete er sie und bekam das halbe Königreich dazu.

(Gemeinde Konga, Kreis Onsjö, Schonen)

Die Alte an der Quelle

Vor langer Zeit geschah es einmal, dass eine alte
Frau, die an einer Quelle Wasser holen wollte,
einen Hecht in ihrem Eimer fand. »Das ist gut«,
murmelte sie vor sich hin, »dann kann ich statt Eintopf
eine Fischsuppe kochen.« »Oh nein, lass mich frei«, bat
der Hecht. »Du hast auch drei Wünsche frei.« Das gefiel
der Alten noch besser als Fischsuppe, und weil der Weg zu
ihrer Kate so weit war, wünschte sie sich, der Eimer möge
Beine bekommen, damit er selbst von der Quelle nach
Hause gehen könne. Außerdem fiel ihr das viele trockene
Holz ein, das im Schuppen lag, und der Webstuhl, an dem
sie sich immer so abmühen musste. Also wünschte sie sich
noch, dass alles, worauf sie schlug, abbrechen möge, und
alles, woran sie zog, so weit reichen solle wie ihre Hand.
»So soll es sein«, sagte der Hecht. Kaum hatte er die Worte
gesprochen, da rannte der Eimer auch schon auf drei Beinen zur Kate der Alten, als hätte man ihm Feuer unterm
Hintern gemacht. »Nein, ist das verrückt!«, schrie die Alte
begeistert und schlug sich vor Lachen mit der Hand aufs
Knie. Kratsch, brach der Knochen, und nun saß sie mit
anderthalb Beinen an der Quelle. War das ein Weinen und
Wehklagen! Die Tränen rannen nur so herunter, und auch
die Nase lief. Sie wischte sich den Rotz ab und wollte ihn
wie immer an die Schürze schmieren, da merkte sie, dass
die Nase immer länger wurde und bis unter ihren Bauch
hinabreichte. Ihr könnt euch denken, dass sie nie wieder
Eintopf oder Fischsuppe zu riechen bekam.

(Fischerdorf Borstahusen, Kreis Rönneberga, Schonen)

Lockebock

Zwei Brüder wanderten einmal zusammen mit ihrem jüngeren Halbbruder zum Hof des Königs, um Arbeit zu suchen. Als sie dem König vorgestellt wurden, teilte er die beiden älteren zum Dreschen auf der Tenne ein, während der jüngste, der einen pfiffigen Eindruck machte, in die Küche geschickt wurde, um den Braten zu drehen.

Es ärgerte die beiden älteren Brüder, dass sie sich auf der Tenne mit den Dreschflegeln abmühen sollten, während der jüngere den Braten des Königs drehen durfte. Also beschlossen sie, ihren Halbbruder in Ungnade zu bringen. Am Königshof sprach man gerade viel über einen Riesen, der mit seiner Frau nicht weit entfernt auf einer Insel wohnte und Schätze besaß, wie sie nicht einmal der König sein Eigen nennen konnte. Die Brüder erlauschten, dass der König auf einige Schätze des Riesen ein besonderes Auge geworfen hatte. Zwei Böcke mit goldenem Fell, zwei Tauben mit goldenem Gefieder, ein goldener Leuchter und eine goldene Krone begehrte er am meisten, aber unter seinen Männern gab es keinen, der es gewagt hätte, dem Riesen eine dieser Kostbarkeiten zu entreißen.

Die Brüder traten nun vor den König und behaupteten, ihr Halbbruder beherrsche die Kunst, die Goldböcke des Riesen zu sich zu locken. Allerdings sei er ein verstockter Geselle, der nichts unternehmen werde, es sei denn, der König drohe ihm mit dem Tode. Der König ließ sofort seinen neuen Bratendreher rufen und befahl ihm, zum Riesen zu gehen und die Goldböcke zu entführen. Bringe er sie nicht, werde er am Galgen hängen.

»Lieber will ich von der Hand des Riesen sterben als am Galgen enden«, antwortete der Junge und begab sich zur

Insel des Riesen. Unterwegs sammelte er das zarteste Gras, das er finden konnte, und als die Böcke zur Tränke kamen, lockte er sie zu sich, packte sie an den Hörnern und führte sie über die Brücke zum Hof des Königs.

Der König freute sich sehr über die Böcke mit dem goldenen Fell, während sich die Brüder über den Erfolg des Jungen ärgerten und ihn von diesem Tag an nur noch Lockebock nannten. Wieder überlegten sie, wie sie ihm schaden könnten.

Am nächsten Tag gingen sie zum König und erzählten ihm, Lockebock wisse, wie man die goldenen Tauben des Riesen fangen könne. Er werde es aber nur tun, wenn man ihm mit dem Tode drohe. Der König hatte gerade an die Tauben gedacht und war deshalb sehr froh, als er hörte, dass Lockebock sie ihm beschaffen könne. Er befahl deshalb, der Junge solle ihm die Tauben bringen, sonst werde er am Galgen enden.

»Da kann ich genauso gut von der Hand des Riesen sterben«, sagte Lockebock, aber im Herzen war er betrübt, weil er nicht wusste, wie er die Tauben fangen sollte.

Die Prinzessin hatte das mitgehört, und es tat ihr leid, dass ein so aufgeweckter Junge entweder durch den Riesen oder am Galgen sterben sollte. Deshalb fragte sie ihn, ob er noch einen Wunsch habe, bevor er zum Riesen gehe. »Ja, ich wünsche mir eine Metze der süßesten Erbsen des Königs und eine Flasche von seinem stärksten Wein«, antwortete Lockebock. »Sollst du haben«, versprach die Prinzessin und brachte ihm tatsächlich eine Schale Zuckererbsen und eine Flasche Wein. Lockebock ließ die Erbsen im Wein weichen und lief zum Hof des Riesen. Dort versteckte er sich, bis der Riese ausgegangen war, und streute dann die Erbsen aus. Die goldenen Tauben flatterten herbei und pickten die in Wein getränkten Erbsen auf. Davon wurden sie so berauscht, dass sie nicht mehr fliegen konnten. Lockebock trat aus seinem Versteck, verbarg die Tauben unter seinem Hemd und erreichte glücklich den Hof des Königs.

Der König war höchst erfreut über die Tauben mit dem goldenen Gefieder, und der Prinzessin gefiel es gut, dass Lockebock das Leben behalten durfte. Doch seine Brüder waren gar nicht glücklich über seinen Erfolg, denn nun durfte er auch auf die Böcke und Tauben aufpassen, während sie weiterhin Getreide droschen. Deshalb sagten sie dem König, Lockebock könne, wenn er nur wolle, auch den goldenen Leuchter beschaffen; er müsse ihm nur das halbe Königreich versprechen oder ihm mit dem Galgen drohen, sollte er nicht zu der Tat bereit sein. Die Gier des Königs nach dem berühmten goldenen Leuchter war so groß, dass er gern sein halbes Reich dafür gegeben hätte. Also ließ er Lockebock rufen und befahl ihm, den Leuchter zu holen. »Diesmal verliert er sein Leben«, freuten sich die Brüder, als sie hörten, dass Lockebock sich lieber auf den Weg machen wollte, als am Galgen zu enden.

Lockebock lieh sich von den Dreschern einen Sack und erbat vom Koch des Königs einen Scheffel Salz. Dann ging er zum Hof des Riesen. Der Hausherr war nicht daheim, aber er hatte seine Frau beauftragt, den Leuchter zu bewachen, der in der Stube auf dem Tisch stand. Der Riese war wütend über den Verlust der Böcke und der Tauben und hatte geschworen, den Dieb, sollte er ihn erwischen, zu schlachten, zu braten und aufzuessen. Und seine Frau hatte sich dem Schwur angeschlossen.

Lockebock hütete sich natürlich, die Stube zu betreten. Stattdessen kletterte er aufs Dach und schaute durch den Schornstein hinunter. Er hatte ausgerechnet, dass die Frau des Riesen etwa um diese Zeit anfangen würde, das Abendessen zuzubereiten. Und tatsächlich, da unten stand sie und rührte in einem großen Kochtopf. Sie kostete von der Suppe und murmelte, sie sei noch zu fade, sie müsse noch etwas Salz holen. Als sie sich umdrehte und zum Schrank ging, kippte Lockebock das Salz aus seinem Sack durch den Schornstein in Topf. Die Frau des Riesen kam zurück, salzte nach und probierte erneut.

»Oh je, nun ist sie viel zu salzig«, stellte sie fest. »Ich muss zur Quelle nach Wasser gehen, um die Suppe zu strecken.« Weil es bereits dunkel war, nahm sie den goldenen Leuchter mit, um den Weg zu finden. Schnell rutschte Lockebock vom Dach und schlich ihr nach. Als sie sich über die Quelle beugte, versetzte er ihr einen Stoß, so dass sie ins Wasser fiel. Ehe sie sich aufraffen konnte, hatte er schon den Leuchter gepackt und in den Sack gesteckt. Dann floh er, so schnell ihn seine Füße trugen.

Der König freute sich so sehr über den goldenen Leuchter, dass er Lockebock sofort das halbe Königreich überschrieb. Doch die Brüder, die immer noch auf der Tenne arbeiteten, platzten fast vor Neid. Jetzt besaß der Riese von allen seinen Schätzen nur noch die goldene Krone, die Tag und Nacht über seinem Bett hing. Sie wurde nach dem Verlust der anderen Schätze umso schärfer bewacht; wer sie rauben wollte, war gewiss des Todes. Deshalb flüsterten die Brüder dem König ein, Lockebock könne die Krone beschaffen, aber es sei lebensgefährlich, und deshalb wolle er nicht.

»Wenn er es schafft, soll er meine einzige Tochter bekommen!«, rief der König. Mit dem Galgen konnte er nicht mehr drohen, denn Lockebock besaß ja schon das halbe Königreich.

Die Brüder meinten, für diesen Preis werde er sicher losziehen, und sie hatten sich nicht getäuscht. Lockebock erklärte, er wolle sein Glück versuchen, und gelte es das Leben.

Er nahm einen Sack, schlich zum Hof des Riesen und beobachtete das Haus. Nach einer Weile ging der Riese aus. Die Frau des Riesen rührte wieder im Kochtopf;

Lockebock schlich sich hinter ihrem Rücken hinein und versteckte sich unterm Bett. Als der Riese wiederkam, witterte er Christenblut und begann, unter Tischen und Bänken zu suchen. Schließlich schaute er unter das Bett, wo Lockebock lag.

»Ah, da haben wir ihn ja!«, rief der Riese und zerrte Lockebock hervor. »Hast du meine Goldböcke, die Tauben und den Leuchter gestohlen?«, fragte er. »Ja, das war ich«, antwortete Lockebock. »Und du weißt, dass ich geschworen habe, dich zu schlachten, zu braten und aufzuessen?«, fragte er weiter. »Ja, das weiß ich. Ich wünschte nur, du bekämst einen fetteren Braten als mich«, sagte Lockebock. Der Riese fand, dass er Recht habe.

»Ich weiß, wie du zu einem ordentlichen Braten kommst«, sagte Lockebock. »Lass deine Frau einen großen Topf süßen Brei kochen. Den esse ich auf. Dann legst du mich auf den Rücken und schlägst mich auf den Bauch, bis das Gehirn herumspritzt. Dadurch wird das Fleisch mürber, als wenn du mir einfach so das Messer in den Leib rammst.«

Eine gute Idee, meinten der Riese und seine Frau, und bald war der Brei fertig. Währenddessen hatte sich Lockebock den Sack unters Kinn gebunden. Nun tat er so, als würde er essen, in Wirklichkeit löffelte er den Brei in den Sack. Zum Schluss befühlte der Riese den Bauch und fand, dass er nun richtig gut gefüllt war. Er legte Lockebock auf die Bank und schlug mit einem Knüppel auf die Stelle, wo er den Magen vermutete. Bald spritzte ihm Brei ins Gesicht. »Sieh nur, jetzt ist er tot. Ich fühle sein warmes Hirn«, sagte der Riese zu seiner Frau, die währenddessen den Backofen angeheizt hatte.

»Ich gehe ein paar Freunde einladen«, fuhr der Riese fort. »Sie sollen unseren guten Braten kosten. Schiebe ihn inzwischen in den Ofen.«

Der Riese machte sich auf den Weg, und die Frau legte Lockebock auf das Brotblech, um ihn in den Backofen zu schieben. Doch wie sie es auch anstellte, der Braten wollte nicht richtig liegen.

»So geht das nicht!«, rief sie verzweifelt.

»Ich liege ja auch zum ersten Mal auf so einem Blech«, erwiderte Lockebock. »Kannst du mir nicht zeigen, wie man es richtig macht?«

»Rutsch runter!«, brummte die Frau und legte sich selbst auf das Brotblech. Im nächsten Augenblick hatte Lockebock sie auch schon in den Ofen geschoben. Dann nahm er die goldene Krone des Riesen und eilte zum Hof des Königs. Der war überglücklich, und Lockebock bekam die Prinzessin. Seine Brüder aber droschen das Getreide, genau wie zuvor, und der Riese verspeiste seine eigene Frau.

(Helsingborg, Schonen)

Die Flaschen des Riesen

Vor vielen, vielen Jahren lebte einmal ein Kätner, der hatte so wenig Erfolg mit seiner Landwirtschaft, dass er, als die Pacht fällig war, keinen einzigen Schilling zahlen konnte. Da er sich keinen anderen Rat wusste, beschloss er, seine einzige Kuh zu verkaufen, so schwer es seiner Frau auch fiel, auf die Milch zu verzichten.

Als er nun mit der Kuh unterwegs war, um sie zu verkaufen, kam er an einem Berg vorbei, in dem ein gutmütiger Riese wohnte. Der Riese stand vor seiner Behausung, und als er den Kätner sah, erkundigte er sich, wohin er wolle und warum er seine einzige Kuh mit sich führe. Der Kätner erklärte ihm, wie sich die Sache verhalte und dass er das Geld unbedingt benötige.

Da holte der Riese eine Flasche und fragte, ob sie nicht tauschen wollten. Der Kätner hielt das zunächst für einen schlechten Handel, denn die Flasche sah ganz gewöhnlich aus. Dann aber fiel ihm ein, dass vielleicht mehr dahinter stecken könnte. Während er noch zögerte, hörte er, wie die Flasche flüsterte: »Kauf mich! Kauf mich!«

Das überzeugte den Kätner, und er tauschte seine einzige Kuh gegen die Flasche des Riesen.

Als er wieder nach Hause kam, wunderte sich die Frau und fragte, wo er denn so schnell einen Käufer gefunden und ob er einen guten Preis erzielt habe. Er zeigte ihr die Flasche, und die Frau schüttelte den Kopf über diesen Handel. Doch der Mann erzählte ihr, dass ihm der Riese auch verraten habe, wie die Flasche zu behandeln sei, und nun wollte sie wissen, wozu sie tauge.

Die Frau breitete ein Tuch über den Tisch, der Mann stellte die Flasche darauf, zog den Korken heraus und sprach: »Flasche, nun tu, was du sollst!« Sofort sprangen zwei Diener aus der Flasche und begannen, den Tisch mit feinstem Silbergeschirr und leckeren Speisen zu decken. »Der Tisch ist gedeckt«, sagten sie, als alles fertig war, und verschwanden wieder in der Flasche. War das eine Freude in der ärmlichen Kate! Die beiden aßen mit großem Appetit und merkten, dass sie das Silbergeschirr behalten durften. Einen Teil verkauften sie und konnten so die Schulden beim Gutsherrn bezahlen.

Der wunderte sich sehr über den plötzlichen Reichtum des armen Paares und besuchte sie in der Kate, um zu erfahren, wie es dazu gekommen war. Der Kätner freute sich über den vornehmen Gast und wollte ihn aufs Beste bewirten. Seine Frau musste ein sauberes Tuch über den Tisch breiten, dann stellte er die Flasche darauf und sprach: »Flasche, nun tu, was du tun sollst!« Sogleich sprangen die Diener heraus und deckten den Tisch mit neuem Silbergeschirr, feinen Speisen und köstlichem Wein. Der Gutsherr bekannte, noch nie an einer so prächtigen Tafel gesessen zu haben.

Während er aß und trank, erwachte in ihm die Begierde, die wunderbare Flasche zu besitzen. Er begann, mit dem Kätner um den Preis zu feilschen, und als dieser auf keine Summe einging, schlug er einen Tausch vor: die Flasche gegen den Gutshof. Die Augen des Kätners und seiner Frau leuchteten auf: Ein Gutshof erschien ihnen viel mehr wert zu sein als eine Zauberflasche, die Tische decken konnte. Und so tauschten sie.

Der Kätner und seine Frau zogen nun ins Herrenhaus ein und lebten auf großem Fuße. Doch sie verstanden es nicht, das Gut zu bewirtschaften; sie glaubten, es käme nur darauf an, viel Geld für Speisen, Kleider und allerlei Vergnügungen auszugeben. Es dauerte nicht lange, da war das Gut heruntergewirtschaftet und musste verkauft werden, so dass ihnen nur noch eine einzige Kuh blieb.

Da sagte die Frau zum Mann, er solle mit der Kuh zum Berg des Riesen gehen und versuchen, sie gegen eine neue Flasche einzutauschen. Ein guter Rat, fand der Mann und zog los. Als er zum Berg kam, stand der Riese davor, und als er das Anliegen des Mannes vernahm, ging er auf den Handel ein. Der Kätner erhielt eine neue Flasche, die der ersten vollkommen glich, und der Riese sagte, er möge sie auf dieselbe Art behandeln.

Glücklich kehrte der Mann heim; nun sollten wieder lustige Tage anbrechen. Die Frau breitete schnell ein Tuch über den Tisch, der Mann stellte die Flasche darauf, zog den Korken und sprach: »Flasche, nun tu, was du tun sollst!« Sogleich kamen zwei große, starke Kerle aus der Flasche, die Knüppel in den Händen hielten und auf das Paar eindroschen. Dabei riefen sie: »Das ist die Strafe, weil ihr die Flasche weggegeben habt!« Mann und Frau schrieen vor Schmerzen, doch es half nichts; erst, als sie unters Bett krochen, ließen die Peiniger ab und verschwanden wieder in der Flasche. Mühsam raffte sich der Mann auf und steckte den Korken hinein.

Traurig saßen die beiden da und haderten mit ihrem Schicksal. Sie sahen ein, dass die Strafe verdient gewesen war, aber sie haderten auch mit dem Gutsherrn, der sie zu dem Tausch verleitet hatte. »Wenn wir es ihm nur heimzahlen könnten!«, murmelte die Frau. Der Mann fand, das sei ein guter Gedanke, und sie schritten zur Tat.

Der Gutsherr war besser mit der Flasche umgegangen als der Kätner mit dem Gutshof und war nun reicher als je zuvor. Immer wieder freute er sich, dass er dem armen Mann die Flasche hatte abschwatzen können. Deshalb wunderte er sich sehr, als dieser eintrat und ihm eine zweite Flasche anbot, die genau wie die erste aussah. Er war neugierig und bot viel Geld, so dass sie schnell handelseinig wurden. Jetzt besaß der Gutsherr beide Flaschen und den Gutshof, den er dem Kätner wieder abgekauft hatte.

Er war so glücklich, dass er ein großes Fest ausrichten ließ, um seinen Freunden zu zeigen, welche Schätze er erworben hatte. Seine Frau deckte zwei Tische, und als alle Gäste versammelt waren, entkorkte der Gutsherr erst die alte Flasche und sprach: »Flasche, nun tu, was du tun sollst!« Sofort sprangen die Diener heraus und deckten den Tisch mit Silbergeschirr, leckeren Speisen und köstlichem Wein. Dann verschwanden sie wieder in der Flasche.

Nun zog der Gutsherr den Korken aus der zweiten Flasche und sprach: »Flasche, nun tu, was du tun sollst!« Sogleich erschienen die beiden starken Kerle mit ihren Knüppeln und schlugen auf den Gutsherrn und seine Frau ein. Bei jedem Hieb riefen sie: »Das ist die Strafe, weil ihr vom Kätner die Flasche ergaunert habt!« Schreiend flüchtete das reiche Paar unters Bett, und die Schläger prügelten die Gäste aus dem Haus.

Nun bettelte der Gutsherr um Gnade, aber erst, als er versprach, dem Kätner die Flasche zurückzugeben, verschwanden die Peiniger in ihrer Flasche.

Nachdem er die Flasche des Riesen zurückbekommen hatte, ging der Kätner sorgsamer mit seinem Glück um. Der Gutsherr durfte die zweite Flasche behalten, aber er hatte nie wieder Lust, den Korken zu ziehen.

(Helsingborg, Schonen)

Die verschwundene Braut

Vor langer, langer Zeit hatte der König eines großen und mächtigen Landes einen alten Berater, den er so schätzte, dass er seinen Sohn täglich mit dessen Tochter spielen ließ, als wären die Kinder Geschwister oder ihresgleichen.

Die Königin jedoch war sehr hochnäsig und hielt die Tochter des Beraters für nicht standesgemäß. Sie befürchtete, ihrem Sohn könnte es eines Tages einfallen, die Spielkameradin zu seiner Königin zu machen. Als sich der König einige Jahre, bevor der Prinz mündig wurde, zum Sterben legte, beschloss die Königin, die beiden jungen Leute für immer zu trennen. Deshalb sagte sie zu dem Prinzen, es sei nun an der Zeit, dass er sich umsehe in der Welt, um zu wissen, wie andere Könige regierten, bevor er selbst das Reich lenke.

Der Prinz freute sich darauf, reisen zu dürfen; allerdings fiel es ihm schwer, sich von seiner ehemaligen Spielkameradin zu trennen, mit der er sich gerade verlobt hatte. An ihrem letzten gemeinsamen Tag sprachen sie viel miteinander; die junge Braut war traurig und ahnte Unheil. Als sie sich schließlich verabschiedeten, sagte sie: »Ich möchte dir drei Dinge mitgeben, die dir verraten, wie es um mich steht. Da ist ein halb fertiger Geldbeutel. Wenn sich die Nähte von selbst schließen, bin ich in Gefahr. Hier ist ein blutiges Taschentuch; wenn es plötzlich sauber wird, bin ich krank. Und außerdem bekommst du ein Leinenhemd mit nur einem Ärmel. Sollte der zweiten erscheinen, bin ich tot.« Und sie bestimmte, dass nur diejenige den jungen König heiraten dürfe, die den Geldbeutel fertig stellen, das Taschentuch sauber waschen und den Ärmel an das Hemd nähen könne.

Der Prinz dankte für die Gaben und reiste ab in die fremden Länder. Er war kaum weg, da ließ die Königin, die zaubern konnte, seine Braut in einen großen Berg einschließen. Dort musste sie sich um einen alten Mann kümmern, den niemand außer der Königin kannte.

Als der Prinz wieder einmal die Gaben seiner Braut besah, entdeckte er, dass der Geldbeutel fertig war. Erschrocken eilte er heim und erkundigte sich nach seiner Braut, erfuhr aber nur, sie sei verschwunden, als hätte sie der Wind fortgeweht. Die Königin hütete sich natürlich, etwas zu verraten.

Sieben Jahre lang suchte der Prinz nun nach seiner verlorenen Braut. Jeden Tag besah er sich Taschentuch und Hemd und stellte fest, dass sie weder krank noch tot war. Aber der fertig genähte Geldbeutel zeigte ihm, dass sie noch immer in Gefahr schwebte.

Als das siebte Jahr vorbei war, starb seine Mutter, und kurz darauf sah der junge König, dass der Geldbeutel wieder halb fertig dalag, wie an dem Tag, als er ihn von seiner Braut erhalten hatte. Da begriff er, dass die Gefahr vorbei war, aber so sehr er auch nach ihr suchte, er konnte sie nicht finden. Schließlich ließ er im ganzen Land verbreiten, dass er diejenige, die den Geldbeutel fertig stellen, das Blut aus dem Taschentuch waschen und den Ärmel an das Leinenhemd nähen könne, zu seiner Frau machen würde.

Inzwischen hatte die Braut die ganzen sieben Jahre im Berg zugebracht und sich treu um den Alten gekümmert. Als das achte Jahr anbrach, gingen die Vorräte zur Neige, denn die Königin, die allein gewusst hatte, wo sie sich befanden, war ja tot und konnte ihnen nichts mehr bringen. Als sie voller Sorgen dasaßen, hörten sie über dem Berg ein starkes Brausen, als flöge ein Vogel mit gewaltigen Schwingen darüber hinweg. Kurz darauf merkten sie, dass jemand versuchte, sich in den Berg hinein zu graben.

Die Braut freute sich, denn sie meinte, was auch geschehe, es könne nicht schlimmer sein als eingeschlossen in einem Felsen zu sitzen. Also wartete sie voller Hoffnung. Und zu Recht, denn bald stand ein gewaltiger Drache im Bergsaal und brachte zu essen und zu trinken für sie und den alten Mann.

Als die beiden Gefangenen sich satt gegessen hatten, erklärte der Drache, er wolle die Jungfrau aus dem Berge führen, damit sie eine Weile das Tageslicht und den Himmel sehen könne. Der Alte sagte nichts dazu, sondern ließ es zu, dass sie sich auf den Drachen setzte, der mit ihr davonflog und sie in einem großen, dichten Wald absetzte. Dort sprach er: »Dein Dienst bei dem Alten im Berge ist nun zu Ende. Ich werde mich ab jetzt selbst um ihn kümmern.« Dann rauschte er davon und ließ die Jungfrau allein.

Obwohl es bald dunkel wurde, war sie guten Mutes. Sie hatte so lange kein Gras oder Moos unter ihren Füßen gespürt, und über ihr leuchteten die Sterne. Fröhlich wanderte sie los und hoffte, bald eine menschliche Behausung zu finden. Sie lief und lief, die halbe Nacht lang, und war schon sehr müde, als sie endlich ein Licht zwischen den Bäumen hervorschimmern sah. Sie ging darauf zu und kam zu einer kleinen Hütte, in der ein Köhler mit seiner Frau lebte. Die Frau war sehr freundlich und nahm die Jungfrau auf, die darum bat, eine Weile bleiben und im Haushalt helfen zu dürfen. Die Frau meinte, im Haus sei nicht viel zu tun. Dagegen könne ihr Mann am Meiler Hilfe brauchen, aber das wäre wohl nichts für die feinen weißen Hände der Jungfer. Die Braut des Königs antwortete, sie sei zu jeder Arbeit bereit, bekäme sie nur ein Dach über den Kopf. Also blieb sie bei dem Köhler und seiner Frau.

Nach einiger Zeit schlug der Köhler jedoch vor, sie solle ihn in die Stadt des Königs begleiten und sich dort einen Dienst suchen, der besser zu ihr passe als die schwere

Arbeit im Wald. Die Braut des Königs stimmte freudig zu. Als sie in die Stadt kamen, hörte sie von dem Aufruf des Königs und dass sich bereits eine Prinzessin gemeldet habe, die sich zutraute, das Taschentuch zu waschen und den Geldbeutel und das Hemd fertig zu nähen. Die Braut des Königs ging zum Schloss und verdingte sich als Wäscherin. Am nächsten Tag kam die Prinzessin ins Waschhaus, um das blutige Taschentuch zu reinigen. Sie wusch und wrang es aus, wusch erneut und wrang es wieder, doch die Blutflecke wollten nicht verschwinden. Der Schweiß stand ihr auf der Stirn, denn sie hatte mehr als einen Grund, die vornehmste Frau im Land werden zu wollen. Sie glaubte nämlich, dass die Würde einer Königin ihre große Schande verbergen könnte. Die Braut des Königs sah, wie die Sache stand und dachte bei sich, das wäre wohl eine schöne Prinzessin! Als diese das Taschentuch endlich wütend von sich schleuderte, sprach die vermeintliche Wäscherin, es könne doch nicht so schwer sein, diese Flecken auszuwaschen; sie wolle es versuchen.

»Wenn du das schaffst, sollst du eine große Belohnung bekommen und dazu meine Kammerzofe werden«, versprach die Prinzessin. »Aber du darfst keiner Seele verraten, dass nicht ich es war, die das Taschentuch wusch.«

»Ich werde ganz sicher schweigen«, antwortete die wahre Braut des Königs und reichte ihr das Tuch, das nun weiß wie Schnee war.

Der König bekam das Taschentuch und wunderte sich sehr, denn die Prinzessin glich seiner verschwundenen Braut, und wegen dieser Ähnlichkeit, meinte man, glaubte sie, den König gewinnen zu können, denn er wusste weder, aus welchem Land sie kam noch wie sie gelebt hatte.

Schweren Herzens reichte er ihr nun den Geldbeutel, den sie fertig nähen sollte. Sie ging in ihre Kammer und machte sich sogleich an die Arbeit, aber so schnell sie auch die Nadel führte, der Beutel war und blieb halb fertig. Vor Angst und Wut wurde sie abwechselnd rot und bleich.

»Diese Arbeit kann doch nicht so schwer sein«, meinte ihre neue Zofe.

»Wenn du sie für mich erledigen kannst, werde ich dich reich belohnen!«, rief die Prinzessin. Die vermeintliche Kammerzofe nahm den Geldbeutel, und bald lag er fertig in der Hand der Prinzessin.

Die eilte damit davon, denn sie hatte keinen Tag zu verlieren, wenn sie ihre Hochzeit mit dem König feiern wollte.

Er schaute auf die Börse und dann auf die Prinzessin; sie war seiner verlorenen Braut so ähnlich und doch wieder nicht. Wie sollte dieses Rätsel gelöst werden? War sie die Richtige? Er konnte sie nicht fragen, denn er sollte ja selbst die erkennen, die er so geliebt hatte. Ohne ein Wort reichte er ihr nun die dritte Gabe seiner Braut; wenn sie es schaffte, den Ärmel an das Leinenhemd zu nähen, würde er sie heiraten.

Es ging, wie es schon zweimal gegangen war: Die Zofe nähte den Ärmel an. Jetzt musste der König sein Wort halten. Eine prachtvolle Hochzeit wurde ausgerichtet.

Doch als der Tag heran war, war die Braut verhindert: Sie lag im Bett, ein neugeborenes Kind im Arm. Deshalb bat sie ihre Kammerzofe, an ihrer Stelle zur Kirche zu gehen, nahm ihr aber das Versprechen ab, sie beim König weder zu verraten noch sich selbst zu offenbaren. Die Zofe versprach es.

Als nun der König mit dem ganzen Brautgefolge den Weg entlang ritt, sagte er zu seiner Braut: »Es ist noch weit, wollen wir uns die Zeit damit verkürzen, Rätsel zu raten?« Da begann die Braut: »Sieben Jahre habe ich im Berg gesessen, mit der Zeit so manches vergessen; habe viel gelitten, hab´ den Drachen geritten; habe Kohlenfeuer gesehen, was ist mir geschehen?« Dieses Rätsel konnte der König nicht deuten, und die Braut erklärte, sie wolle es erst in der Hochzeitsnacht auflösen. Auf dem Heimweg von der Kirche kamen sie über eine Brücke; im Teich darunter schwammen zwei Enten. Da stellte die Braut ein weiteres Rätsel: »Hier liegst du mit deinem Gemahl, wenn ich heimkomme, werde ich meinen verlieren«, sagte sie. »Deute mir das Rätsel«, bat der König. »Erst in der Hochzeitsnacht«, antwortete sie.

Als sie zu Hause waren, überließ die Braut ihr Kleid der Prinzessin und kleidete sich selbst wie eine Zofe. Aber sie erzählte nichts von den Rätseln. Die Hochzeit wurde gefeiert, aber als der König in der Brautkammer nach den Rätseln fragte, brachte er die Prinzessin in Verlegenheit. Sie redete sich damit heraus, sie habe ihre Kammerzofe gebeten, sich die Worte zu merken. Also verließ sie das Brautbett, um sie zu fragen.

»Die Lösung der Rätsel verrate ich nur dem König selbst«, sagte die richtige Braut. Die Prinzessin wurde wütend, aber die vermeintliche Zofe blieb dabei. So wusste sich die Prinzessin keinen anderen Rat, als sie mit in die dunkle Brautkammer zu nehmen und sie zum König ins Bett steigen zu lassen. Der ließ sich nichts anmerken, doch während seine richtige Braut von ihrem Schicksal erzählte, befestigte er unbemerkt ein Armband an ihrem Handgelenk.

Am nächsten Morgen schaute er auf die Handgelenke der Prinzessin, aber dort befand sich kein Armband. Er fragte sie, wo es sei, und sie antwortete, sie habe es ihrer Zofe zur Verwahrung gegeben. Da eilte der König in die Küche hinunter und entdeckte das Armband am Handgelenk seiner wahren Braut. Jetzt erst wurde die Hochzeit mit wirklicher Freude gefeiert. Die Prinzessin ließ der König aus dem Lande weisen.

Als der König nun nach so langer Zeit endlich seine verschwundene Braut gefunden hatte, ließ er all seine Wahrsager zusammenrufen, um etwas über ihre gemeinsame Zukunft zu erfahren. Alle verkündeten nur Glück und Freude. Doch schließlich trat ein altes Weib in den Saal und sagte: »Der König und seine Gemahlin werden sich verlieren, wenn sie sich mehr als zwanzig Klafter voneinander entfernen.« Als der König diese Prophezeiung hörte, ließ er eine zwanzig Klafter lange goldene Kette schmieden, die ihn mit seiner Frau verband. So, hoffte er, würde er sie behalten können.

Eine Zeit lang ging es gut, obwohl es manchmal beschwerlich war, in jeder Lage aneinander gefesselt zu sein. Eines Tages fuhren sie mit dem ganzen Hof auf die Jagd. Der König musste bei seiner Frau in der Kutsche sitzen bleiben, denn wenn er an der Jagd teilgenommen hätte, wäre sie über Stock und Stein mitgeschleift worden. Die junge Königin merkte, wie schwer ihm das fiel, deshalb löste sie die Kette für eine Weile, damit er sich frei fühlen konnte. Sie fuhren gerade durch den Wald, da entdeckte er eine stattliche Hirschkuh, die am Wegrand äste. Der König konnte sich nicht mehr beherrschen; er sprang aus der Kutsche und rannte dem flüchtigen Wild hinterher. Plötzlich war die Hirschkuh wie vom Erdboden verschlungen, und der König stand ganz allein mitten im Wald. Jetzt kam ihm die Prophezeiung der alten Seherin in den Sinn. Voller Angst eilte er zur Kutsche zurück, doch sie war leer! Er rief und suchte nach der Königin, doch sie blieb verschwunden. Stattdessen stand plötzlich eine fremde Frau vor ihm.

»Du suchst deine Gemahlin?«, fragte sie. »Geh in den Wald, dort triffst du einen Hasen. Den sollst du erschießen und aufschneiden. In ihm findest du einen Stein, den nimmst du mit, denn er kann Felsen sprengen. Dann begegnet dir ein Hund, den lockst du zu dir, dann wird er dir folgen.«

Der König dankte für die Anweisungen. Als er in den Wald kam, sah er den Hasen, tötete ihn, schnitt den Stein heraus, lief weiter und begegnete dem Hund, der ihm folgte. Lange wanderten sie, bis sie an einen hohen Berg kamen; es war derselbe, in dem die Braut des Königs sieben Jahre bei dem alten Mann verbracht hatte. »Diesen Berg sollst du erkunden«, sprach der Hund. Der König kletterte hinauf, entdeckte aber kein lebendes Wesen außer einer Ameise, die durch die Risse im Felsen kroch. »Ach, kleine Ameise, wenn du mir doch helfen könntest«, seufzte der König.

»Das kann ich und will ich!«, erwiderte die Ameise. Und sie kroch in den Berg hinein zu der Königin, die dort wieder bei dem Alten saß. Sie flüsterte ihr ins Ohr, sie solle sich nicht fürchten, falls es donnere, als würde die ganze Welt untergehen, das bedeute nur, dass Rettung nahe. Daraufhin kroch die Ameise wieder hinauf, rief den Hund und befahl ihm, so lange zu scharren, bis ein kleines Guckloch entstände. Nun schaute der König hinab und sah seine Gemahlin mit dem Alten reden. Als er das Ohr an das Loch legte, hörte er, wie der Alte sagte, es gebe nur eine Rettung für sie: Ein Mann müsse den Berg sprengen. »Das soll geschehen!«, frohlockte der König und warf den Hasenstein, so dass der Felsen mit einem gewaltigen Krachen mitten entzwei brach. Die Königin lief herbei und fiel ihrem Gemahl um den Hals. Dann drehten sie sich um, um nach dem Alten zu sehen, doch dort stand plötzlich ein junger Prinz, der ein schönes junges Mädchen an der Hand hielt. »Ich war in einen alten Mann verwandelt worden«, erklärte er. »Und ich«, sagte die schöne Prinzessin, »war der Drache, die Hirschkuh und der Hund. Auch meine Verzauberung wurde gelöst, und ich folge meinem Verlobten in sein Reich.«

Froh kehrten die beiden Paare in ihre Länder zurück, wo sie lebten und liebten bis an ihr Ende.

(Gemeinde Brunnby, Kreis Luggude, Schonen)

Der singende Baum

In jener Zeit, als die Menschen sich noch mehr aufs Zaubern verstanden als heute, hatte ein König einen Prinzen, den er hasste, in einen weißen Bären verwandelt. Die Sache war die, dass der Prinz ausgerechnet jene Prinzessin liebte, die der König zur Schwiegertochter haben wollte. An einen solchen Zauber ist stets eine Bedingung geknüpft, und hier lautete diese, dass er seine Kraft verlöre, wenn der Bär seine Tatze in Blut aus dem Geschlecht des Königs tauchen würde.

Um sicher zu gehen, verzauberte der König das ganze Schloss des Prinzen und verwandelte es in einen großen Baum, der auf seinem eigenen Hof stand. Die Prinzessin verlobte er mit seinem Sohn, und damit glaubte er, das Beste für sich und ihn erreicht zu haben. Die Hochzeit fand statt, aber gerade als die Gesellschaft zu Tisch saß, fing der Baum im Hof so himmlisch zu singen an, dass alle Gäste wie gebannt lauschten. Der Bräutigam wollte hinaus und nachsehen, woher die schöne Musik kam. Doch der König, der ahnte, dass der Baum vor Freude sang, weil der weiße Bär in der Nähe war, wies seinen Sohn an, bei ihm im Saal zu bleiben. Der Wache befahl er, auf den Bären zu schießen. Das geschah auch, und das Tier wurde verwundet. Bevor es flüchtete, gelobte es, in der Nacht wiederzukommen. Der König ließ die Wachen verdoppeln, und als der Baum um Mitternacht erneut sang, vermochte es der Bär nicht, bis zum Saal vorzudringen. Aber er versprach, ein drittes Mal zu kommen.

Nun dachte der König: Der Baum singt jedes Mal, wenn der Bär in der Nähe ist, und zwar so laut, dass alle im Schloss erwachen. Da muss ich nicht so streng Wache halten lassen. Der Baum aber dachte: Durch mein Singen habe ich dem Prinzen eher geschadet, deshalb werde ich beim nächsten Mal schweigen wie ein Grab. So geschah es, dass der Bär unbemerkt bis in die Brautkammer vordringen konnte.

Dort kam es zu einem heftigen Kampf zwischen dem Bräutigam und dem Tier, der damit endete, dass der weiße Bär dem Sohn des Königs die Kehle durchbiss. Dann tauchte er seine Tatze in das ausströmende Blut, und der Zauber wich. Der Prinz nahm nun seine Braut, die nicht glücklich über die Hochzeit gewesen war, während der Bräutigam am nächsten Tag starb. Wo der Baum gestanden und gesungen hatte, stand nun das Schloss des Prinzen, so dass er nicht nur sein eigenes Königreich zurückbekam, sondern auch mitten auf dem Hof seines Feindes wohnte. Bald übernahm er dessen Reich und regierte glücklich bis an sein Ende.

(Gemeinde Brunnby, Kreis Luggude, Schonen)

Die entführte Prinzessin

In alten Zeiten, als es noch viel mehr Zauberei gab als heute, geschah es, dass eine wunderschöne Prinzessin entführt wurde. Ihr Vater ließ im ganzen Reich verbreiten, dass er den, der seine einzige Tochter befreien könne, zu seinem Schwiegersohn machen und ihm das halbe Reich geben werde.

Im selben Land lebten drei Brüder, die sich vornahmen, die Prinzessin zu gewinnen. Sie zogen zusammen los, bis sie an eine Kreuzung kamen. Der älteste wollte nach rechts gehen, der zweite nach links, und der jüngste war entschlossen, geradeaus weiter zu wandern. Da sie nicht einig wurden, beschlossen sie, dass jeder seinen Weg nehmen sollte. Aber vorher steckten sie an einer verborgenen Stelle ihre Messer in die Erde. Sollte es einem von ihnen gelingen, die Prinzessin zu erringen, würde die Klinge blank bleiben, während die anderen beiden verrosteten. So wüsste jeder von ihnen Bescheid, sollte er unverrichteter Dinge wieder an der Kreuzung stehen.

Sie verabschiedeten sich voneinander; der älteste Bruder wandte sich nach rechts, der zweite nach links, und der jüngste ging geradeaus. Als er eine Weile gelaufen war, traf er eine Frau, die ihn fragte, wohin er wolle. Er antwortete, er suche nach der entführten Prinzessin, aber er wisse nicht, wo man sie gefangen halte.

»Das weiß ich auch nicht«, bekannte die Frau. »Aber weil du so freundlich bist und mich nicht anführst wie deine beiden Brüder« – die hatte sie auch getroffen – »will ich dir eine Pfeife und eine Flasche geben. Beide Dinge können dir noch von Nutzen sein.«

Der Jüngling dankte für die Gaben, verstaute sie gut und setzte seine Wanderung fort. Als er schon sehr lange gelaufen war, kam er an eine kleine, verfallene Hütte, in deren Tür eine ärmlich gekleidete alte Frau stand. »Guten Tag, Mütterchen!«, grüßte er und wollte vorbeigehen, da hielt sie ihn an und sprach: »Nun stehe ich hier schon dreihundert Jahre, aber Mütterchen hat mich noch keiner genannt. Das will ich dir belohnen! Sag mir, womit kann ich dir dienen?«

»Kannst du mir vielleicht verraten, wo die entführte Prinzessin gefangen gehalten wird? Ich habe beschlossen, sie zu retten«, sagte er.

Da blies sie in eine Pfeife, und herbei eilten alle vierbeinigen Tiere, die es auf der Welt gibt. Die Alte fragte sie, wo die Prinzessin sei, aber keines konnte Auskunft geben. Schließlich rief sie den Löwen zu sich und sprach: »Bring diesen Jungen zu meiner Schwester, die dreihundert Meilen von hier wohnt. Sie herrscht über die Winde, und die wissen vielleicht, wo die Prinzessin ist.«

Der Löwe trug den Jungen dreihundert Meilen, bis sie an ein Haus kamen, vor dem ein Weiblein stand. Wieder grüßte der Junge: »Guten Tag, Mütterchen!«

»Nun stehe ich hier schon dreihundert Jahre, aber nie war jemand so höflich und hat mich Mütterchen genannt«, sagte die Alte. »Welchen Dienst kann ich dir dafür erweisen?«

Der Junge übermittelte die Grüße ihrer Schwester und erklärte, dass er nach der verschwundenen Prinzessin suche. Als sie das hörte, blies sie in eine Pfeife und rief die vier Winde herbei, aber sie wussten nicht, wo sich die Prinzessin befand. Da beauftragte sie den Westwind, den Jungen dreihundert Meilen weiter zu tragen. Dort wohne ihre andere Schwester, die wisse vielleicht Bescheid.

Der Westwind brachte den Jüngling zu der dritten Alten, die er ebenso begrüßte wie ihre Schwestern. Auch sie mochte es, Mütterchen genannt zu werden, blies in ihre Pfeife und rief alle Vögel zusammen, die am Himmel zu finden sind, doch keiner wusste etwas über die Prinzessin. Die Alte schaute sich genauer um und merkte, dass der Vogel Greif fehlte. Erneut blies sie in die Pfeife, doch er kam nicht. »So, du machst also Schwierigkeiten!«, zischte sie und versuchte es noch einmal mit aller Kraft. Endlich sauste etwas durch die Luft, und der Vogel Greif erschien. »Weißt du, wo die Prinzessin gefangen gehalten wird?«, fragte die Alte. »Ja, das weiß ich wohl«, antwortete Greif, aber man hörte, dass er nicht gern mit der Sprache heraus wollte. »Nimm diesen Jungen mit, trag ihn dorthin und zeig ihm den Eingang zum Schloss des Trolls!«, befahl sie.

Der Vogel Greif musste gehorchen. Aber als er den Jungen über Wälder und Hügel getragen hatte und über dem großen, brausenden Meer flog, schoss er hinunter, so dass die Wellen die Beine des Jungen benetzten. »Hast du Angst?«, fragte Greif. »Ja«, antwortete der Junge. »Solche Angst hatte ich, als ich die Pfeife zum ersten Mal hörte«, sagte Greif. Sie flogen weiter, und wieder schoss der Vogel hinunter, so tief, dass die Wogen über dem Rücken des Jungen zusammenschlugen. »Hast du Angst?«, fragte er wieder. »Ja«, antwortete der Junge. »So viel Angst hatte ich, als die Pfeife zum zweiten Mal ertönte«, sagte Greif. Wieder flogen sie ein Stück, und der Vogel tauchte ins Wasser, so tief, dass der Junge ganz und gar in den Wellen verschwand. »Hast du Angst?«, fragte Greif. »Ja«, antwortete der Junge. »So viel Angst hatte ich, als ich die Pfeife zum dritten Mal hörte, aber ich musste dennoch kommen.«

Dann flogen sie lange weiter, bis sie einen hohen Berg erreichten. Der Vogel setzte den Jungen ab, zeigte ihm den Eingang zum Schloss des Trolls und flog davon. Der Junge stieg in den Berg hinunter und geriet in eine Höhle voller Schlangen und Echsen, aber sie gaben ihm den Weg frei, denn er hatte keine Angst. In dieser Höhle entdeckte er eine Tür; der Schlüssel steckte, also schloss er auf und trat ein. Der Raum dahinter war leer; er durchquerte ihn und kam in einen zweiten, der prachtvoll ausgestattet war, doch auch hier zeigte sich kein lebendes Wesen. Dann öffnete er die Tür zum dritten Gemach – und dort saß die Prinzessin und nähte. Er stellte sich vor und sagte ihr, dass er gekommen sei, um sie zu erlösen. Sie war sehr glücklich darüber, warnte ihn aber, der Troll sei groß und stark, und es erfordere wohl mehr als Manneskraft, um ihn zu besiegen. Während sie so sprachen, kam die Dienerin der Prinzessin herein, die ebenfalls eine Gefangene war, und warnte sie, der Troll komme heim. Sie beeilten sich, den Jungen unter dem Bett des Riesen zu verstecken, über dem drei Schwerter hingen, eines schwerer als das andere.

Der Troll stürmte herein, schnüffelte herum und rief: »Ich rieche Christenblut!«

»Da hast du Christenblut!«, schrie der Jüngling, der unter dem Bett hervor gekrochen war und das kleinste Schwert ergriffen hatte. Damit hieb er dem Troll den Kopf ab. »Nimm das zweite Schwert!«, rief die Prinzessin. »Ich kann es nicht heben«, keuchte er und sah mit Entsetzen, wie der Kopf des Trolls zurück auf den Hals schnellte. Da entdeckte die Prinzessin die Flasche, die der Junge von der Frau hinter der Kreuzung bekommen und an einer Schnur um den Hals getragen hatte. Sie gab ihm zu trinken, und plötzlich hatte er die Kraft, das Schwert zu schwingen, mit dem er den Troll erneut köpfte. Der Kopf rollte ein Stück, doch dann flog er, wie von Geisterhand getragen, auf den Hals zurück. »Das größte Schwert!«, rief die Prinzessin und gab dem Jüngling noch einen Schluck aus der Flasche, so dass er stark genug war, das größte Schwert des Trolls zu führen. Zum dritten Mal hieb er den Kopf ab, wieder flog er zum Hals zurück, und es wäre dem Jungen schlecht ergangen, hätte nicht die Dienerin der Prinzessin eine Eingebung gehabt. Sie war hinausgegangen und kehrte nun mit einer Schürze voll Sand zurück. Schnell streute sie einige Hände voll auf den Stumpf des Halses. Nun konnte der Kopf nicht wieder festwachsen.

Nachdem der Jüngling alle Diener des Trolls getötet hatte, führte er die Prinzessin aus dem Berg und heim zu ihrem Vater. Der hielt sein Wort, und die beiden wurden getraut.

Einige Zeit darauf kamen seine beiden Brüder aus verschiedenen Richtungen zur Kreuzung zurück und fanden das Messer ihres jüngsten Bruders blank, während die eigenen vom Rost zerfressen waren. Da begriffen sie, dass er die Prinzessin gewonnen hatte, und sie beschlossen, seine Diener zu werden. Soviel Gerechtigkeit muss man ihnen widerfahren lassen: Wenn sie auch nicht dazu taugten, große Herren zu werden, wurden sie doch brave Diener.

(Höganäs, Kreis Luggude, Schonen)

Der schöne Vogel

Früher, als es noch wunderlicher zuging als heute, geschah es, dass sich eine Frau, die viele Jahre kinderlos geblieben war, so sehr nach einem Kind sehnte, dass sie schließlich an nichts anderes mehr denken konnte. Das ist an und für sich nichts Außergewöhnliches, aber es kam noch toller!

An einem Wintertag stand sie vor dem Haus an einem Wacholderbusch, den sie sehr liebte, und schälte Äpfel. Als sie einen Moment unachtsam war, schnitt sie sich in den Finger, so dass ihr Blut in den Schnee tropfte. »Ach«, seufzte da die Frau, »wenn ich doch ein Kind hätte, so weiß wie Schnee und so rot wie Blut!« Als sie diese Worte gesprochen hatte, wurde ihr so seltsam zumute, und sie schaute auf den grünen Wacholder. Im Frühjahr ging sie oft zu diesem Busch und roch an den Blüten, im Herbst aß sie seine Beeren, und ehe es wieder Winter wurde, hatte sie einen kleinen Jungen, so weiß wie Schnee und so rot wie Blut. Kurz darauf starb sie.

Als ihr Mann seine größte Trauer überwunden hatte, heiratete er eine Witwe, die eine Tochter mit in die Ehe brachte. Die beiden Kinder hatten einander sehr lieb, aber die Stiefmutter hasste den Jungen und wünschte ihm den Tod. Doch je mehr sie ihn verabscheute, umso besser ging es ihm. Sie konnte also nicht darauf warten, dass ihn eine Krankheit hinwegraffte, deshalb überlegte sie, wie sie ihn umbringen könnte.

Nun hatte die Stiefmutter eine große Kiste voller herrlicher Äpfel. Eines Tages ging sie hinaus zu den spielenden Kindern und gab ihrer Tochter einen Apfel, der war wunderbar rot und reif. Der Junge bat auch um einen, und die Stiefmutter forderte ihn auf, mit ihr zu kommen und sich selbst einen auszusuchen. Glücklich ging er mit ihr ins Haus und beugte sich über die Kiste. Da schlug sie den schweren Deckel zu, der ihn genau im Nacken traf und ihm den Kopf abtrennte. Die böse Frau nahm ihn aus der Kiste, setzte ihn wieder auf den Körper und band ihn mit dem Halstuch des Jungen fest. Dann legte sie ihm einen Apfel in die Hand, lehnte ihn an die Wand und machte sich an die Hausarbeit.

Wenig später kam das kleine Mädchen, es hieß Malena, ins Haus und sah den Jungen mit dem Apfel in der Hand dastehen. »Darf ich mal abbeißen?«, bettelte sie. Weil er nicht antwortete, rannte sie in die Küche und beklagte sich bei ihrer Mutter, der Bruder wolle nicht antworten und lasse sie nicht von seinem schönen Apfel kosten.

»Geh wieder hinein«, sagte die Mutter, »und frage ihn noch einmal, und wenn er nicht antwortet, gib ihm eine kräftige Ohrfeige!«

Malena rannte los, und da der Bruder wieder nicht antwortete, wurde sie so wütend, dass sie ihm eine Bachpfeife verpasste, so dass der Kopf quer durchs Zimmer rollte. Malena erschrak, lief zu ihrer Mutter und sagte schluchzend, sie habe ihrem lieben Bruder den Kopf abgeschlagen, die Mutter solle ihr helfen, ihn wieder zu befestigen, damit der Junge mit ihr spielen könne. Auch müsse er gesund sein, wenn der Vater komme, sonst wäre dieser sehr böse auf sie.

»Da weiß ich einen Rat«, sagte die Mutter. Sie nahm Kopf und Körper des kleinen Jungen, legte beides in einen Kessel und kochte Suppe daraus. Als der Vater müde und hungrig von der Arbeit nach Hause kam, setzte sie ihm die Suppe und das Fleisch vor. Er ließ es sich schmecken und fragte seine Frau, warum sie nicht mithalte. Sie antwortete, sie habe bereits gegessen. Die kleine Malena aber nahm ihr bestes Seidentuch und sammelte weinend die Knochen ihres Bruders darin. Das Bündel vergrub sie unter dem Wacholderbusch und weinte bittere Tränen am Grab.

Wie sie dort saß und den Tod ihres kleinen Bruders beweinte, flog ein Vogel herbei und setzte sich auf den Wacholderbusch. So einen schönen Vogel hatte Malena noch nie gesehen; die Federn waren weiß, rot, gelb, blau und grün. Er begann ganz wunderbar zu singen, so dass Malena ihre Trauer vergaß und lauschte, was er zwitscherte:

»Die Mutter lockte mich in einen Hinterhalt, mein Kopf flog ab, mein Vater aß mich, meine Schwester Malena nahm meine Knochen, knotete sie in ihr Seidentuch und legte sie unter den Wacholder. Kivitt, kivitt, so wurde ich zu einem schönen Vogel.«

Als der schöne Vogel so gesungen hatte, flog er zu einem Schuhmacher, der ein Paar kleine rote Schuhe im Fenster stehen hatte. Dort setzte er sich aufs Dach und sang mit seiner schönen Stimme das Lied noch einmal. Der Schuhmacher ließ Ahle und Leder fallen und ging hinaus, um mehr von dem Gesang zu hören. Als er den schönen Vogel erblickte, bat er ihn, das Lied noch einmal zu singen.

»Das werde ich tun, wenn du mir die kleinen roten Schuhe schenkst und sie mir um den Hals bindest«, erwiderte der Vogel.

»Gern«, sagte der Schuhmacher, und der Vogel sang noch einmal für ihn, erhielt die Schuhe und flog weiter. Dann kam er zu einem Goldschmied, in dessen Fenster eine hübsche Goldkette hing. Wieder setzte sich der Vogel aufs Dach und sang. Als das Lied zu Ende war, wollte der Goldschmied mehr hören; so etwas habe er noch nie vernommen.

»Ich singe noch einmal, wenn du mir die hübsche Goldkette schenkst und sie mir um den Hals legst«, sagte der Vogel.

»Ich gebe sie dir gern, denn der Gesang ist es wert«, erwiderte der Goldschmied. Der schöne Vogel sang, bekam die Goldkette und flog weiter, bis er zu einer Mühle kam. Wieder setzte er sich aufs Dach und sang. Der Müller kam heraus, um zu lauschen. Als das Lied zu Ende war, bat er den Vogel, noch einmal zu singen.

»Ja, wenn du mir deinen größten Mühlstein schenkst und ihn mir um den Hals hängst«, antwortete der Vogel.

»Den Stein gebe ich dir gern, wenn du nur singst«, sagte der Müller. Der Vogel zwitscherte sein Lied, bekam den Mühlstein, flog heim und setzte sich aufs Dach.

Die kleine Malena saß in der Stube und dachte an ihren Bruder und den schönen Vogel auf dem Wacholderbusch, da hörte sie wieder das Lied:

»Die Mutter lockte mich in einen Hinterhalt, mein Kopf flog ab, mein Vater aß mich, meine Schwester Malena nahm meine Knochen, knotete sie in ihr Seidentuch und legte sie unter den Wacholder. Kivitt, kivitt, so wurde ich zu einem schönen Vogel.«

Malena wurde plötzlich froh zu Mute; sie rannte hinaus, um den Vogel zu sehen, und als sie aus der Tür trat, warf der Vogel die roten Schuhe zu ihr hinunter. Das kleine Mädchen freute sich so sehr, dass es wieder hineinlief, um dem Vater zu zeigen, was es von dem schönen singenden Vogel bekommen hatte. Da ging der Vater hinaus, und als er über die Schwelle trat, warf ihm der Vogel die Goldkette um den Hals. Fröhlich kehrte der Vater ins Haus zurück und sagte zu seiner Frau, sie solle ebenfalls hinausgehen; der Vogel habe sicher auch ein Geschenk für sie. Sie zögerte, denn sie verstand, was der Vogel sang, aber sie musste hinaus. Als sie nun den Kopf durch die Tür steckte, ließ der Vogel den Mühlstein fallen, der sie erschlug. Im selben Augenblick verwandelte sich der prachtvolle Vogel in einen hübschen Jungen, in dem der Vater seinen Sohn und Malena ihren geliebten Stiefbruder wieder erkannte.

Seit diesem Tag leben die drei glücklich zusammen, falls sie nicht inzwischen gestorben sind.

(Gemeinde Allerum, Kreis Luggude. Schonen)

Der goldene Baum,
der singende Fluß
und der sprechende Vogel

Es ist so lange her, dass sich niemand mehr erinnern kann, in welchem Land sich diese Geschichte zugetragen hat; deshalb weiß auch ich es nicht. Aber fest steht, dass in einem kleinen Haus in einem großen, großen Wald drei Schwestern wohnten. Sie lebten dort ganz allein, denn ihre Eltern waren tot und begraben.

Eines Tages wurde ihnen die Armut mehr als sonst bewusst, und sie wünschten sich ein besseres Los in der Welt, als in einer Waldhütte langsam zu verhungern. Die älteste Schwester sagte: »Ich wünsche mir den Koch des Königs zum Mann, dann hätte ich immer gut und satt zu essen!« Die zweite Schwester erwiderte: »Und ich würde gern den Bäcker des Königs heiraten, dann könnte ich jeden Tag feines, süßes Brot kosten!« Die jüngste Schwester schwieg. »Wünschst du dir nichts?«, fragten die beiden anderen.

»Doch, ich wäre gern die Frau des Königs. Ich würde ihm zwei Prinzen und eine Prinzessin gebären, mit drei goldenen Haaren am rechten Ohr. Und in den Fußstapfen der Kinder sollten die schönsten Blumen wachsen!«

Darüber lachten die beiden älteren Schwestern und sagten: »Ja, man kann sich genauso gut ein Boot oder ein Schiff wünschen, wenn man es umsonst bekommt.« Aber insgeheim hielten sie den Wunsch ihrer Schwester für vermessen. Nun trug es sich zu, dass gerade an diesem Tag der junge König in dem großen Wald jagte. Er war einem Hirsch gefolgt und hatte sich weit von seinem Gefolge entfernt, als er das kleine Haus entdeckte. Als er näher heranging, hörte er Stimmen und versteckte sich hinter einem Baum, um festzustellen, was für Leute dort wohnten. So vernahm er die Wünsche mit eigenen Ohren.

Das Gespräch der drei Schwestern ging ihm seitdem nicht mehr aus dem Sinn, deshalb ließ er sie aus dem Wald holen und ins Schloss bringen. Dann fragte er die älteste, ob sie sich noch erinnere, was sie sich an jenem Tag zu jener Stunde gewünscht hatte. Sie errötete etwas, wusste aber, dass es kein Landesverrat war, den Koch des Königs heiraten zu wollen, also antwortete sie wahrheitsgemäß. »Da hast du ihn«, sagte der König, stellte ihr den Koch vor, und sie bekamen einander. Auf dieselbe Art verfuhr er mit der zweiten Schwester und dem Bäcker. Nun wandte sich der König der jüngsten zu, die ganz verlegen vor ihm stand und es kaum wagte, den Blick zu heben.

»Und was hattest du dir gewünscht, anmutige Jungfrau?«

Man kann sich denken, dass sie abwechselnd rot und blass wurde und nicht mit der Sprache heraus wollte. Aber der König gab nicht nach, und so musste sie bekennen: »Ich habe mir gewünscht, ich wäre die Frau des Königs. Ich würde ihm zwei Prinzen und eine Prinzessin gebären, mit drei goldenen Haaren am rechten Ohr, und in den Fußstapfen der Kinder sollten die schönsten Blumen wachsen.«

»Das war ein guter Wunsch, und nun sollst du meine Königin werden. Ich will hoffen, dass auch der zweite Teil des Wunsches in Erfüllung geht«, sagte der König.

Daraufhin feierte er seine Hochzeit mit dem armen Mädchen, und er hatte es so lieb, als wäre es die feinste Prinzessin. Als fast ein Jahr vorüber war, musste der König in den Krieg ziehen. Es fiel ihm schwer, seine junge Königin zu verlassen, aber es war ihm ein Trost, dass sie ihre Schwestern bei sich hatte, die sich um sie kümmern konnten, denn sie erwartete ein Kind. Hätte der König nur gewusst, wie hasserfüllt die beiden waren! Sie neideten ihrer jüngsten Schwester das große Glück, Königin geworden zu sein.

Einige Zeit später brachte die Königin einen kleinen Prinzen zur Welt, ganz so, wie sie es gewünscht hatte. Doch ihre Schwestern schrieben dem König, sie habe einen Welpen geboren. Er war sehr betrübt und befahl ihnen, die Missgeburt zu ertränken, aber er verzieh seiner Gemahlin und bat die Schwestern, sie gut zu pflegen.

Die bösen Frauen raubten der Königin den kleinen Prinzen. Der König habe es befohlen, sagten sie, und sie solle sich hüten, jemandem von dem Kind zu erzählen. Den Jungen legten sie in eine Kiste und warfen diese in einen reißenden Fluss. Die Kiste trieb mit der Strömung, bis sie im Schilf hängen blieb, genau vor dem Haus eines armen Gärtners. Er war kinderlos, also nahm er den Kleinen mit Freude auf.

Der König kehrte zurück, doch bevor seine Gemahlin ihr zweites Kind gebären sollte, musste er wieder in den Krieg ziehen. Wieder vertraute er sie den beiden boshaften Schwestern an. Auch dieses Kind war ein kleiner Prinz, aber die hinterlistigen Frauen schrieben dem König, es sei wiederum ein Welpe geboren worden. Also lief es wie beim ersten Mal; der Gärtner nahm auch dieses Kind auf.

Das dritte Kind war eine Prinzessin, ganz nach dem Wunsch der Königin. Da der König erneut abwesend war, berichteten die Schwestern dieselbe Lügengeschichte. Diesmal schrieb der König, der Welpe solle ertränkt und die Königin in den Turm gesperrt werden. Letzteres geschah, die kleine Prinzessin aber wurde in eine Kiste gesteckt und in den Fluss geworfen. Auch sie trieb zum Haus des Gärtners und wurde aufgenommen. Die bösen Schwestern der Königin glaubten freilich, die beiden Prinzen und die Prinzessin wären ertrunken.

Als die drei Königskinder herangewachsen waren, überlegten die beiden Brüder, was sie im Leben Großes zustande bringen könnten. Da kam eine alte Frau zu ihnen, die erzählte von einem hohen gläsernen Berg, auf dem ein Baum mit goldenen Äpfeln wachse. Außerdem gäbe es dort einen singenden Fluss und in einem Käfig einen sprechenden Vogel. Der Berg sei leicht zu finden, denn er leuchte aus weiter Entfernung, und sei man erst dort, bekomme man nähere Auskunft, wie man ihn besteigen könne.

Der ältere Prinz bekam große Lust, diese Schätze zu besitzen und beschloss, einen Ritt zum Glasberg zu wagen. Beim Abschied gab er seiner Schwester eine Kette. »Wenn sich an ihr Rostflecken zeigen, dann ist mein Abenteuer gescheitert«, sagte er zu ihr.

Als der Prinz den Glasberg erreichte, saß an dessen Fuß ein sehr alter Mann. »Was machst du hier?«, fragte der Prinz. »Ich warte hier schon viele hundert Jahre, dass jemand, der auf den Berg steigt, auch glücklich zurückkehrt«, antwortete der Alte.

»Welche Gefahren erwarten mich dort oben?«, wollte der Prinz wissen.

»Dort hört man einen Chor von verschiedenen Stimmen, der einen schrecklichen Lärm verbreitet«, erklärte der Alte. »Wenn es weiter nichts ist!«, rief der Prinz und ritt hinauf, so dass die Glassplitter um die Hufe des Pferdes flogen.

Die Prinzessin schaute jeden Tag auf ihre Kette, und als sie eines Morgens Rostflecke entdeckte, sagte sie ihrem zweiten Bruder, nun sei der älteste tot oder in großer Gefahr. Da beschloss der zweite Prinz, zum gläsernen Berg zu reiten, den Bruder zu befreien und die Schätze zu erbeuten. Beim Abschied gab er seiner Schwester ein Messer und sprach: »Steck es unter den Dachbalken der

Hütte. Wenn eines Tages drei Blutstropfen von der Klinge fallen, bin ich tot oder in großer Gefahr.« Dann ritt er los, aber es erging ihm wie seinem Bruder. Der Alte am Berge wartete vergeblich auf seine Rückkehr, und eines Morgens tropfte Blut von der Messerklinge. Da beschloss die Prinzessin, selbst zum gläsernen Berg zu reiten, ihre Brüder zu retten und die Schätze nach Hause zu bringen.

Als sie zum Berg kam, fragte sie den Alten, ob er zwei Jünglinge gesehen habe. Ja, er hatte die beiden und zuvor schon viele andere auf den Berg reiten gesehen, aber keiner sei je zurückgekehrt, um ihn zu erlösen. Alle, alle seien von den Stimmen und dem Lärm dort oben verwirrt und in Steine verwandelt worden.

»Warum haben sie sich kein Wachs in die Ohren gesteckt?«, wunderte sich das Mädchen. »Ich werde es jedenfalls tun.« Da meinte der Alte: »Ich stehe hier nun seit vielen hundert Jahren, aber nie hat jemand so kluge Worte gesprochen!«

Die Prinzessin ritt den steilen Glasberg hinauf, dass die Scherben nur so flogen, und erreichte glücklich den Gipfel. Sie vermutete, dass um sie herum ohrenbetäubender Lärm herrschte und sich eine Vielzahl von Stimmen zu einem unerträglichen Chor vereinigt hatte, allein sie war taub für all das, so dass niemand Macht über sie gewinnen und sie sich frei bewegen konnte. Sie kam an vielen hohen, seltsam aussehenden Steinen vorbei. Dann sah sie einen hohen Baum, an dem Dutzende goldener Äpfel hingen, und sie fragte sich, wie sie ihn wohl nach Hause schaffen könne. Außerdem schlängelte sich ein Fluss dahin, und sie begriff, dass es sich um das singende Wasser handeln musste. Aber wie sollte sie einen Fluss nach Hause bringen? Da fiel ihr der sprechende Vogel ein, und sie beschloss, zuerst diesen mitzunehmen. Beim Weitergehen sah sie viele herrliche Vögel in kostbaren Käfigen, aber sie lief an allen vorbei. Endlich entdeckte sie einen Vogel, der in einem alten, gewöhnlichen Bauer saß. Das ist der richtige, dachte sie und nahm ihn mit. »Das hast du richtig gemacht!«, sagte der Vogel, und wenn er sprach, mussten all die anderen Stimmen dort oben verstummen. Die Prinzessin konnte also das Wachs, vielleicht war es auch Baumwolle, aus den Ohren nehmen. Der Vogel verriet ihr, dass sie außer dem Käfig nur eine Flasche von dem singenden Wasser und einen Zweig von dem Baum mit den goldenen Äpfeln mitnehmen müsse, um alle drei Schätze zu besitzen.

Da freute sich die Prinzessin, vergaß aber nicht, den Vogel zu fragen, was sie tun könne, um ihre Brüder und den Alten unten am Berg zu erlösen. Sie erfuhr, dass sie lediglich ein paar Tropfen des singenden Wassers auf all die Steine träufeln müsse, und sie würden wieder zu Menschen, und der Alte wäre erlöst, wenn er zusehen könnte, wie jemand die drei Schätze wegtrüge. Die Prinzessin folgte dem Rat des Vogels, und sogleich verwandelten sich die Steine in lebendige Menschen. Unter ihnen fand sie ihre beiden Brüder. Mit ihnen stieg sie den Berg hinunter, und als der Alte sah, dass sie den sprechenden Vogel, eine Flasche des singenden Wassers und einen Zweig von dem Baum mit den goldenen Äpfeln trugen, dankte er ihr für seine Erlösung, denn nun war er frei.

Zu Hause schütteten die Geschwister das Wasser aus der Flasche in den Garten, und sofort bildete sich ein singender Fluss. Sie pflanzten auch den Zweig ein, und daraus wuchs ein Baum mit goldenen Äpfeln. Der Vogel aber bekam einen schönen Platz in der guten Stube des Hauses.

Das Gerücht über diese herrlichen Schätze verbreitete sich rasch und erreichte bald den königlichen Hof. Der König beschloss, zu den drei Geschwistern zu reisen, um

den goldenen Baum, den singenden Fluss und den sprechenden Vogel mit eigenen Augen zu sehen. Als er zum
Haus des Gärtners kam, fand er an allem großen Gefallen,
die Geschwister eingeschlossen, und er blieb so lange bei
ihnen, dass ihn das Mädchen zum Abendessen einlud. Der
König nahm dankend an, und das Mädchen ging zum
sprechenden Vogel, um zu fragen, welche Speisen man
einem so hohen Gast vorsetzen könne.

»Du kannst eine Gurke mit goldenen Äpfeln füllen«,
sagte der Vogel.

Die Prinzessin folgte seinem Rat. Der König schnitt
die Gurke auf und das Gold rollte heraus. Da rief er: »Es
ist ganz unmöglich, dass ich das esse!«

Da erwiderte der Vogel: »Genauso unmöglich war es
für deine Königin, drei Welpen zur Welt zu bringen.«

»Was weißt du darüber?«, fragte der König.

»Ich weiß, dass du gerade bei deinen eigenen Kindern
zu Tisch sitzt«, antwortete der Vogel.

So wurde alles entdeckt; der alte Gärtner berichtete,
wie er die drei Kinder gefunden hatte, und alle zogen zum
Schloss des Königs. Dort wurde die Königin aus dem
Turm befreit, und sie zeigte ihrem Gemahl die drei goldenen Haare der Kinder. Statt ihrer wurden nun die beiden
bösen Schwestern in den Turm gesperrt, und sie kamen zu
Zeiten dieses Königs nicht wieder frei, wie man sich vorstellen kann. Er aber lebte lange und glücklich mit seiner
Königin, den Söhnen – und seiner lieben Tochter. Nie vergaß er, dass sie es gewesen war, die die größten und
berühmtesten Schätze der Welt in sein Reich gebracht
hatte: den goldenen Baum, den singenden Fluss und den
sprechenden Vogel.

(Ängelholm, Schonen)

Die Wünsche

Damals, als alle Tiere sprechen konnten, geschah es, dass an einem Wintertag ein Junge von seinen armen Eltern zu einer Quelle geschickt wurde, um in einem großen Eimer Wasser zu holen. Dieser Junge war weder sauber noch hübsch noch war er für Fleiß oder Strebsamkeit bekannt, sondern ließ die Tage kommen und gehen und machte sich um die Zukunft keine Gedanken.

Als er nun zur Quelle kam und seinen Eimer füllen wollte, geriet mit dem Wasser auch ein Fisch hinein. »Lass mich wieder frei«, bat der Fisch. »Ich werde dir auch drei Wünsche erfüllen!«

»Gut«, sagte der Junge und kippte den Fisch in die Quelle zurück, »dann wünsche ich mir, dass zwei Ratten mit einem Schlitten kommen und den schweren Eimer für mich nach Hause tragen sollen.«

Kaum hatte er das letzte Wort gesprochen, da standen die Ratten schon vor ihm. Der Junge stellte den Eimer auf den Schlitten, packte die Zügel und kutschierte heim. Der Weg führte am Schloss des Königs vorbei, wo die Prinzessin gerade am Fenster saß. Als sie den Jungen auf dem Rattenschlitten sah, lachte sie ihn aus.

Er war verärgert darüber und sagte: »Ich wünsche mir, dass die Prinzessin vor dem Ende des Jahres einen Sohn bekommt! Dann hat sie etwas anderes zu tun als herumzusitzen und die Leute anzustarren!«

Als das Jahr sich neigte, herrschte große Aufregung im Schloss, denn die Prinzessin gebar einen Sohn, und niemand wusste, wer der Vater war. Die Prinzessin weinte und versicherte, sie sei unschuldig und nie mit einem Mann zusammen gewesen.

Der König war sehr zornig, aber da die Wahrheit auf andere Weise nicht aufgedeckt werden konnte, gebot er, als der Knabe ein Jahr alt wurde, man möge ihm einen goldenen Apfel in die Hand geben. Daraufhin würde es allen Männern im Reich freistehen, Mutter und Kind die Aufwartung zu machen. Der Mann, dem der Knabe den Apfel reichen würde, solle als Vater angesehen werden und die Prinzessin heiraten.

Viele Männer im Land folgten dem Aufruf des Königs, denn die Prinzessin war gut und schön, und als des Königs Schwiegersohn wollten sie gern mit einer Lüge leben.

Auch der arme Junge hörte den Ruf und schloss sich der Schar der Freier an. Er trug die einzigen Kleider, die er besaß, und die waren zerlumpt. Ein vornehmer Herr nach dem anderen trat vor und verbeugte sich vor dem Kind, aber keiner bekam den Goldapfel gereicht. Schließlich war der Lumpenjunge an der Reihe. Als er vor der Prinzessin stand, hob das Kind den Arm und hielt ihm den Goldapfel entgegen.

Als nun der König sah, welchen armen Schwiegersohn er bekommen sollte, zürnte er seiner Tochter sehr und erklärte, er wolle weder sie noch das Kind noch ihren Mann im Schloss dulden; sie sollten gehen, wohin sie wollten. Weinend zog nun die Prinzessin mit dem Kind und ihrem Gatten davon. Als sie aber an eine verschneite Wiese kamen, sagte der arme Junge: »Sei nicht traurig! Du bist jetzt meine Frau, und ich habe noch einen Wunsch frei. Den schenke ich dir als Brautgabe!«

Da hockte sich die Prinzessin hin, breitete ihr Kleid aus und sprach: »Ja, dann wünsche ich mir, dass uns so viele Wünsche erfüllt werden, wie Grashalme unter meinem Kleid sind!«

Das war klug gesagt, denn nun konnten sie sich ein Schloss, einen Garten, Diener und alles, was sie benötigten, um königlich zu leben, wünschen. Sie aßen mit goldenen Löffeln von silbernen Tellern, und die Nachricht von dem Reichtum, in dem das junge Paar lebte, flog übers Land und erreichte auch das Ohr des Königs.

Da begann er, besser von seinem Schwiegersohn zu denken, und zur Versöhnung luden ihn die jungen Leute in ihr Schloss ein. Der König kam und wunderte sich sehr über diesen Reichtum. Besonders die goldenen Löffel und die silbernen Teller gefielen ihm.

Als sie bei Tisch saßen, flüsterte die Prinzessin: »Ich wünsche, dass alles Geschirr in die Taschen meines Vaters verschwindet!« Kaum hatte sie das letzte Wort ausgesprochen, war der Tisch leer. Der König glaubte, ein unsichtbarer Dieb wäre am Werk gewesen, doch die Prinzessin bat ihn, in seinen Taschen nachzusehen. Dort fanden sich all die Kostbarkeiten. Der König war sehr verlegen, doch die Prinzessin sagte: »So unschuldig, wie du an diesem Diebstahl warst, bin ich zu meinem Kind gekommen!« Da umarmte der König sie und ihren Mann, küsste das Kind und übertrug seinem Schwiegersohn sofort die Herrschaft über das halbe Reich.

(Ängelholm, Schonen)

Der Begleiter

Vor langer Zeit fand ein Mann, das Leben sei so sonderbar, dass er es nicht verstehen könne. Also beschloss er, in die Welt hinaus zu ziehen und verborgene Dinge zu erforschen.

Als er bereit war und aus seiner Tür trat, stand da ein junger Mann, der ebenfalls Reisekleider trug.

»Wohin soll es gehen?«, erkundigte sich der Fremde.

»Ich will in die Welt hinaus und sehen, ob ich verborgene Dinge entdecken kann«, antwortete der Mann.

»Dann können wir uns gemeinsam auf den Weg machen«, sagte der Unbekannte. »Ich bin das Reisen gewohnt.«

Dieser Vorschlag gefiel dem Mann, denn der Begleiter sah ehrlich aus. Also wanderten sie gemeinsam. Am ersten Abend kehrten sie in einer ärmlichen Kate ein. Die Leute nahmen sie freundlich auf und setzten ihnen das Wenige vor, das sie entbehren konnten. Doch so arm sie auch waren – der Hausherr konnte stolz zwei kostbare Kleinodien vorweisen, seinen Sohn und einen Silberbecher. Aus letzterem bot er den Gästen das einzige Getränk an, über das er verfügte: reines, klares Quellwasser. Nach dem Essen richtete er ihnen ein Bett in der warmen Stube, und als sie sich verabschiedeten, um weiter zu wandern, begleitete er sie ein Stück des Weges.

»Das waren richtig gute Menschen«, sagte der Mann zu seinem Begleiter. »Sie hätten reich sein sollen, dann wären sie noch besser gewesen.«

Der Begleiter sagte nichts dazu, doch nach einer Weile bat er den Mann zu warten; er wolle zurückgehen und etwas erledigen, was er vergessen habe. Der Mann setzte sich an den Wegrand und wartete. Wenig später kehrte sein Begleiter zurück und hielt den Silberbecher des armen Kätners in der Hand. »Ich habe ihn ihm weggenommen«, erklärte er. »Wasser kann er genauso gut aus einem Tonkrug trinken.«

»Aber der Becher bedeutete ihm doch so viel«, wandte der Mann ein. »Fast so viel wie der Sohn. Nur gut, dass er sich mit dem noch trösten kann.«

»Du sagst es!«, erwiderte der Begleiter. »Warte einen Augenblick; ich habe noch etwas zu erledigen.«

Wieder wartete der Mann, bis sein Begleiter zurückkehrte. »Ich habe den Jungen erschlagen«, erklärte er. »Komm jetzt, wir gehen weiter!«

Sie setzten ihre Wanderung fort und kamen am Abend zu einem Herrenhof, wo sie um Herberge baten. Doch der Gutsherr war nicht gerade gastfreundlich; sie bekamen nur einen Kanten Brot zu essen und mussten im Stall schlafen. Am Morgen sagte der Begleiter: »Jetzt gehen wir zum Gutsherrn, bedanken uns für die Bewirtung und schenken ihm den Silberbecher.«

»Na hör mal, das ist ja verkehrte Welt! Du stiehlst von dem Armen, der uns so freundlich aufgenommen hat, und gibst dem Reichen, der uns wie Hunde behandelt hat. Das ist mir allzu verrückt!«

»Es sieht so aus«, antwortete der Begleiter, ging aber dennoch hinein und schenkte dem Gutsherrn den Silberbecher. Daraufhin setzten sie ihre Wanderung fort.

Als sie lange gelaufen waren, kamen sie an einen tiefen See mit einem hohen, steilen Ufer. Dort stand ein dritter Wanderer und starrte ins Wasser hinunter.

»Er wirkt gesund und stark; er wird gewiss lange leben und kann noch viel erreichen«, sagte der Mann zu seinem Begleiter. Der erwiderte kein Wort, sondern ging zu dem Wanderer und stieß ihn in die Tiefe hinunter, wo er jämmerlich ertrank.

»Nein, mit dir will ich nicht weiter wandern! Du vollbringst nur schlechte Taten und bringst den Menschen Sorgen, Schaden und Tod!«, rief der Mann und wollte gehen, doch sein Begleiter hielt ihn zurück.

»Du willst in die Welt hinaus ziehen und verborgene Dinge erforschen?«, fragte er. »Jetzt werde ich dir etwas von dem, was du suchst, offenbaren: Ich bin ein Engel Gottes und handle nach Seinem Willen. Der arme Kätner hängte sein ganzes Herz an den Silberbecher und den Sohn; er musste beide verlieren, damit er etwas Besseres findet, dem er sich zuwenden kann. Deshalb nahm ich ihm den Becher und sandte seinem Sohn den Tod, der den Jungen in den Himmel führte.

Der reiche Gutsherr ist so oft von armen Leuten getäuscht und betrogen worden, dass er die Menschen verachtete. Mein Geschenk brachte ihn auf bessere Gedanken und öffnete sein Herz wieder für die Barmherzigkeit.

Der Wanderer hier am See ist sein ganzes Leben lang vom rechten Pfad abgewichen und hat viele Sünden begangen. Jetzt fühlte er zum ersten Mal Reue und fasste den redlichen Vorsatz, sich zu bessern. Doch ich sah, dass das Böse in ihm stärker war als sein Entschluss. Deshalb schickte ich ihn zu Gott, und zwar genau in dem Augenblick, als er an Ihn dachte. Habe ich schlecht gehandelt?«

»Nein«, musste der Mann zugeben und wollte eine Frage anschließen, die sich auf ihn selbst bezog – doch da war sein Begleiter verschwunden.

Der Mann kehrte nach Hause zurück, zufriedener mit dem Leben, denn er hatte einen Blick auf die verborgenen Dinge werfen dürfen.

(Gemeinde Torup, Kreis Västra Göinge, Schonen)

Die goldene Gans

Es war einmal ein König, der hatte eine Tochter, die so ernst war, dass niemand es vermochte, sie zum Lächeln oder gar zum Lachen zu bringen. Deshalb ging es im Schloss auch nie lustig zu. Schließlich hatte der König das ernste Gesicht seiner Tochter satt und ließ verkünden, dass derjenige, der die Prinzessin zum Lachen bringen könne, sie auch heiraten dürfe. Viele kamen von nah und fern, um ihr Glück zu versuchen, doch es war unmöglich, ihr ein Lächeln zu entlocken; bei all den Scherzen verzog sie nicht einmal eine Miene.

Da geschah es, dass ein Vater, der drei Söhne hatte, seinen ältesten in den Wald schickte, um Brennholz zu schlagen. Dieser und der zweite Bruder waren die Günstlinge der Eltern, während der jüngste, Aschenpott genannt, stets zurückgesetzt und verachtet wurde. Also hatte die Mutter dem ältesten Bruder reichlich Fleischpfannkuchen, süßes Brot und frische Milch mitgegeben. Als er mit der Verpflegung auf dem Rücken und der Axt in der Hand in den Wald kam, traf er einen Zwerg, der ihn um einen Happen zu essen bat.

»Nein«, erwiderte der Junge, »ich habe gerade so viel, wie ich selbst brauche, wenn ich den ganzen Tag Holz schlagen soll.« Der Zwerg sagte nichts, sondern ging seines Weges. Doch als der Junge mit der Arbeit begann, fuhr die Axt in seinen Fuß, so dass er, so gut er konnte, nach Hause humpeln musste.

Am nächsten Tag sollte der zweite Bruder Holz schlagen gehen. Auch er bekam reichlich Verpflegung eingepackt. Im Wald traf er den Zwerg und wurde ebenfalls um eine Kleinigkeit zu essen gebeten. Er antwortete genau wie sein Bruder, und das Männlein verschwand. Beim ersten Hieb hackte er sich in die Hand und musste unverrichteter Dinge nach Hause gehen.

So musste am dritten Tag der jüngste Bruder hinaus in den Wald. Aber ihm gab die Mutter nur einen in Asche gebackenen Fladen und einen kleinen Krug Buttermilch mit. Als er so mit seinem kleinen Bündel und der großen Axt in den Wald wanderte, traf auch er den Zwerg. »Gib mir ein wenig zu essen, ich bin so hungrig«, bat das Männlein.

»Gern«, erwiderte Aschenpott, »aber ich habe dir nicht viel zu bieten.« Daraufhin teilte er Fladen und Buttermilch mit dem Zwerg, und als sie gegessen hatten, wollte er sich an die Arbeit machen. Doch da sagte der Zwerg, er wolle ihm, als Dank für das Essen, einen Rat geben. »Grabe unter dem Baum, unter dem wir unsere Mahlzeit gehalten haben. Dort findest du etwas, womit du dein Glück machen wirst.«

Das Männlein verabschiedete sich und verschwand. Aschenpott begann zu graben und fand unter den Wurzeln des Baumes eine Gans, deren Federn aus purem Gold waren. Er dachte an die Worte des Zwerges und beschloss, mit der goldenen Gans zum Königshof zu wandern und sein Glück zu versuchen. Unterwegs kam er an einem Wirtshaus vorbei. Er wollte ein wenig ausruhen und bat die Leute, inzwischen aufzupassen, dass keiner die goldene Gans anrühre. Doch der Wirt hatte zwei Töchter, die ihre Blicke nicht von dem schönen Vogel wenden konnten, und als Aschenpott eingeschlafen war, versuchten sie, der Gans ein paar goldene Federn auszureißen. Sie streckten die Hände aus, berührten den Vogel – und bleiben an ihm kleben!

So standen sie da, als Aschenpott erwachte, sich die Gans unter den Arm klemmte und weiter zog. Es blieb ihnen nichts übrig, als hinter ihm her zu trotten. Als sie eine Weile gegangen waren, begegnete ihnen ein Pastor, der auf dem Weg zur Kirche war. Er sah, dass die Mädchen Aschenpott hinterher liefen, und rief: »So eine Schande! Schamloses Pack, rennt einem jungen Mann hinterher!« Als er merkte, dass seine Ermahnungen keine Wirkung zeigten, stieg er aus der Kutsche, um sie mit Macht von Aschenpott zu trennen. Er packte den Rock eines der Mädchen – und blieb selbst kleben! Der Knecht, der den Pastor kutschierte, rief, es sei höchste Zeit, zur Kirche zu fahren. Da der Pastor offenbar nicht hörte, lief der Knecht hinzu und wollte ihn holen, doch als er nach dem Talar griff, blieb auch er hängen. Aschenpott wanderte mit seinem Gefolge weiter und traf zwei Bauern, die zur Kirche wollten, um den Pastor predigen zu hören. Als sie ihn am Rockzipfel des Mädchens sahen, liefen sie hinterher, und der eine fragte den Knecht, was das Ganze zu bedeuten habe. Dabei berührte er ihn an der Schulter und blieb kleben. Dem zweiten Bauern, der ihn befreien wollte, ging es genauso. Im Gänsemarsch ging es weiter, bis die Menschenkette den königlichen Hof erreichte. Die Prinzessin, die gerade am Fenster saß, sah den seltsamen Aufzug und brach in schallendes Gelächter aus.

Damit hatte Aschenpott die Prinzessin gewonnen. Doch der König meinte, es sei allzu leicht gegangen. Er hielt den Jungen für nicht standesgemäß und stellte ihm deshalb eine weitere Aufgabe: Falls er es schaffe, allen Wein aus dem königlichen Keller auszutrinken, werde er ihm seine Tochter zur Frau geben. Traurig wanderte Aschenpott in den Wald hinaus, um zu überlegen, was er nun tun könnte. Da traf er einen Mann, der keuchte und dem die Zunge weit aus dem· Mund hing. Aschenpott erkundigte sich, was ihm fehle. »Ach«, antwortete der Mann, »ich bin ja so durstig! Neulich trank ich einen Ochsenkopf Wein, aber was ist schon ein Tropfen auf einem glühendheißen Stein!« Aschenpotts Miene hellte sich auf. »Folge mir«, sagte er, »dein Durst wird gelöscht werden!« Der Mann begleitete ihn zum Schloss und trank den ganzen Wein im königlichen Keller.

Nun verlangte Aschenpott seinen versprochenen Lohn, doch der König sagte, er werde die Prinzessin erst bekommen, wenn er einen Berg aus Broten verzehren könne. Es waren so viele, dass die Prinzessin dahinter verschwand. Wieder wusste sich Aschenpott keinen Rat und ging in den Wald, um nachzudenken. Da sah er einen Mann, der sich einen Gürtel umlegte und diesen immer enger schnallte. Aschenpott fragte ihn, warum er das tue, und der Mann antwortete, er habe kürzlich eine ganze Fuhre Brot gegessen. Leider habe ihn dieser kleine Imbiss nicht sättigen können, deshalb schnüre er sich den Magen ab. »Folge mir, und du wirst satt werden!«, rief Aschenpott. Der Mann begleitete ihn zum Schloss und aß den ganzen Brotberg auf.

Doch noch immer wollte der König die Prinzessin nicht hergeben. Er stellte Aschenpott eine letzte Aufgabe: Er solle ihm ein Schiff bringen, mit dem man nicht nur auf dem Wasser, sondern auch auf dem Lande fahren könne. Aschenpott war der Verzweiflung nahe, denn das schien unmöglich. Wieder lief er in den Wald, da traf er den Zwerg, mit dem er den Aschefladen geteilt hatte. Das Männlein wollte wissen, warum er so traurig sei. Als es hörte, worum es ging, meinte es, das sei doch nicht schwieriger als einen Weinkeller auszutrinken oder einen Brotberg aufzuessen. Aschenpott solle ruhig zum Schloss zurückgehen, er werde ihm das Schiff schon besorgen. Aschenpott begriff jetzt, dass es immer der Zwerg gewesen war, der ihm geholfen hatte. Deshalb spazierte er in aller Seelenruhe zurück. Als er zum königlichen Hof kam, stand dort bereits das Schiff, das zu Wasser und zu Lande gleichermaßen fahren konnte.

Nun konnte der König nicht länger nein sagen, sondern gab seine Tochter dem Jüngling, der so große Dinge hatte ausrichten können.

(Gemeinde Osby, Kreis Östra Göinge, Schonen)

Goldäpfel mit Silberblättern

Es war einmal ein König, der hatte nur eine einzige Tochter, die war anmutig und schön. Eines Tages erkrankte sie jedoch schwer, und der König fürchtete, sie könnte sterben. Er rief alle gelehrten Männer seines Hofes zu sich und erbat ihren Rat, doch keiner konnte der Prinzessin helfen.

Da kam eine alte Frau zum Schloss des Königs, weise und in der Kunst des Wahrsagens erfahren, und sie fragte nach dem Grund der Trauer, die am Hof herrschte. Man erzählte ihr, wie es um die Prinzessin stand.

»Das sollte euch nicht betrüben«, sprach die alte Frau. »Macht euch vielmehr auf den Weg, um der Prinzessin einen goldenen Apfel mit silbernen Blättern zu bringen. Wenn sie den isst, wird sie bald gesunden!«

Der König schickte seine Boten aus, nach goldenen Äpfeln mit silbernen Blättern zu suchen, doch alle kehrten unverrichteter Dinge zurück.

In seiner Not ließ der König im ganzen Land bekannt machen, dass derjenige die Prinzessin zur Frau bekäme, der ihr einen Goldapfel mit silbernen Blättern brächte.

Zur selben Zeit stand weit im Osten auf einem hohen Berg ein Apfelbaum, der niemals Früchte trug. Am Fuße des Berges wohnte in einer kleinen Hütte eine alte Frau mit ihren drei Söhnen. Es waren flinke Burschen, die einzige Stütze und das einzige Glück der alten Frau.

Eines Abends erzählten die Söhne der Mutter von der Botschaft des Königs und dass derjenige die Prinzessin zur Frau bekäme, der sie heilen würde.

»Der Morgen ist klüger als der Abend«, sagte die Mutter, und bald legten sich alle schlafen. Als sie am nächsten

Morgen erwachten, glitzerte und strahlte der alte Apfelbaum golden und silbern.

»Was sehe ich da!«, rief der älteste Sohn verwundert. »Unser alter Baum trägt goldene Früchte mit silbernen Blättern!«

Da erwachte in allen drei Jünglingen der Wunsch, die Prinzessin zur Frau zu bekommen.

Die Mutter erhob ihre Stimme:

»Nur einer von euch kann sie freien. Also solltet ihr euch nicht streiten, sondern nacheinander euer Glück versuchen und euch der versprochenen Belohnung als würdig erweisen.«

Als erster kletterte der älteste Sohn auf den alten Apfelbaum, pflückte die Goldäpfel mit den silbernen Blättern und legte sie in einen Korb. Nachdem er sie gut zugedeckt hatte, machte er sich auf den Weg. Mit schnellem Schritt und klopfendem Herzen eilte er voran, in Gedanken schon bei der Prinzessin.

Als er durch einen großen Wald kam, begegnete ihm ein hässliches altes Weib.

»Guten Tag«, grüßte ihn die Alte. »Was hast du da in deinem Korb?«

»Schweineborsten und Rosshaar!«, erwiderte der Jüngling unwirsch.

»So soll es sein«, sprach die Alte.

Am Schloss des Königs fragte ihn der Torwächter:

»Was willst du, Junge?«

»Ich habe Goldäpfel mit silbernen Blättern und will zur Prinzessin, um sie zu heilen!«

»Nun, das ist schon recht«, sagte der Wächter, »doch ich will zuvor einen Blick darauf werfen.«

Der Jüngling reichte den Korb hin, und der Wächter lüftete das Tuch – da war der Korb voller Schweineborsten und Rosshaar. Beschämt kehrte der Jüngling nach Hause zurück.

Also machte sich der zweite Bruder mit einem Korb voller Goldäpfel mit Silberblättern auf den Weg. Auch er traf ein altes Weib, noch hässlicher als das erste.

»Was hast du da wohl in deinem Korb?«, wollte die Alte wissen.

»Nüsse, die keiner knacken kann«, antwortete der Jüngling und eilte weiter.

»So soll es sein!«, rief ihm das Weib hinterher.

Er kam ans Schlosstor und begehrte Einlass, um der Prinzessin die Äpfel zu bringen.

Als aber der Wächter das Tuch hochhob, da lagen im Korb nur harte Nüsse, die keiner knacken konnte, und der Jüngling musste in Schande zurückkehren.

Nun war die Reihe an dem jüngsten Bruder, sein Glück zu versuchen. Er pflückte einen Korb voller Äpfel und begab sich damit zum Schloss des Königs. Als er ein Stück des Weges gegangen war, traf er eine alte Frau.

»Was hast du da wohl in deinem Korb?«, wollte sie wissen.

»Goldäpfel mit silbernen Blättern«, antwortete er freundlich.

»So soll es sein«, sprach die Alte.

»Mütterchen, ob Ihr mir wohl den Weg zum Schloss des Königs zeigen könnt?«, fragte der Jüngling.

Im selben Augenblick hörte er aus dem Waldesdickicht eine Stimme, die sang:

Wenn du kommst an des Königs Feld,
ist ein Zaun aus Papier darum gestellt.
So lustig, so lustig.

Bist du erst da, wo die Könige gehn,
siehst du zwei weiße Birken dort stehn.
So lustig, so lustig.

Auf dem Hof des Königs, oje!
Da tanzt ein Hirsch, da spielt ein Reh.
So lustig, so lustig.

Die Bänke sind aus gehauenem Stein,
der Tisch aus weißestem Elfenbein.
So lustig, so lustig.

Der Herd, der glänzt in güldener Pracht,
die Decken aus feiner Wolle gemacht.
So lustig, so lustig.

Wo Herren und Damen zum Tanze sich drehn,
kannst eine Rose du wachsen sehn.
So lustig, so lustig.

Nachdem der Gesang der Waldfrau verstummt war, sagte die Alte zum Jüngling:

»Weil du bei der Wahrheit geblieben bist, will ich dir einen guten Rat geben: Kannst du auf deinem Weg jemandem helfen, dann tu es! Es wird dir später, wenn du in Not geraten solltest, vergolten werden. Nimm diese Pfeife! Ihr Ton ruft jeden herbei.«

Der Jüngling war noch nicht lange gegangen, da sah er zwei Ameisenvölker, die einander bekämpften. Er schlichtete den Streit und setzte seine Reise fort.

Er kam an einen silbern glänzenden See, von hohen Kiefern umstanden, die sich in seinem Wasser spiegelten. Am Ufer lag hilflos ein Fisch. Die Wellen hatten ihn an Land gespült, und es gelang ihm nicht, allein wieder ins Wasser zu finden. Der Jüngling nahm den Fisch vorsichtig in die Hände und ließ ihn in den See zurück gleiten.

Im selben Augenblick suchte eine Taube bei ihm Zuflucht, die von einem Habicht gejagt wurde. Der Jüngling vertrieb den Habicht und teilte sein Butterbrot mit der Taube.

Als er ein Stück gegangen war, sah er zwei Raben, die miteinander kämpften. Er trennte die Feinde und wanderte weiter.

So gelangte er schließlich zum Schloss des Königs. Als der Wächter seinen Korb prüfte, lagen darin tatsächlich Goldäpfel mit silbernen Blättern. Man erlaubte dem Jüngling, zur Prinzessin ins Schloss zu gehen.

In Anwesenheit des Königs und des gesamten Hofstaats aß sie einen der Äpfel und wurde so froh und gesund wie vordem.

Die Bewohner des Schlosses freuten sich über alle Maßen, doch das Gesicht des Königs verfinsterte sich. Soll meine Tochter solch einen armen Burschen heiraten, dachte er, dann muss er noch schwierigere Proben bestehen, bevor er sie und das halbe Königreich erhält.

So gab der König dem Jüngling den Auftrag, in der kommenden Nacht aus einem Fass Getreide die Roggenkörner von den Gerstenkörnern zu trennen und fein säuberlich zu häufeln.

Am Abend schüttete man das Getreide in den Schlosshof. Da fielen dem Jungen die Ameisen ein. Er blies in seine Pfeife, und die Ameisen liefen zu Tausenden herbei und trennten die Getreidekörner.

Früh am Morgen trat der König auf die Treppe hinaus, um zu sehen, wie der Jüngling seine Aufgabe erfüllt hatte. Da sah er die beiden Getreidehaufen und konnte trotz gründlicher Prüfung kein falsches Korn finden. Das verschlechterte seine Laune, und er dachte sich eine noch schwierigere Aufgabe aus.

Bei einer Fahrt über den See hatte der König einst einen kostbaren Ring verloren. Den sollte der Jüngling in der folgenden Nacht herbeischaffen.

Der Jüngling dachte an den Fisch, dem er das Leben gerettet hatte, und blies in seine Pfeife.

Es dauerte nicht lange, da plätscherte es, und der Fisch steckte seinen Kopf aus dem Wasser.

»Oh, du bist es, mein Freund«, sprach er. »Womit kann ich dir behilflich sein?«

»Finde mir den Ring, den der König hier im See verloren hat.«

Mit einem Flossenschlag verschwand der Fisch in der Tiefe des Sees, um bald darauf mit einem Ring wieder aufzutauchen, dessen Steine im Licht des Mondes wundersam leuchteten.

Als der König am nächsten Morgen seinen Ring erhielt, dachte er noch ausgiebiger darüber nach, welche Prüfungen er dem armen Jüngling auferlegen könnte. Schließlich befahl er ihm, einen Olivenzweig aus dem Paradies zu holen.

Dem Jüngling fiel die Taube ein, die er vor dem Habicht gerettet hatte, und er blies in seine Pfeife. Schnell war die Taube bei ihm und versprach, seinen Wunsch zu erfüllen. Es dauerte gar nicht lange, da kehrte sie mit einem Zweig im Schnabel zurück.

Als der König auch diese Aufgabe gelöst sah, war er außer sich vor Zorn und verlangte ein Stück von der Glut der Hölle.

Diesmal rief die Pfeife einen der beiden Raben herbei. Der Jüngling bat den Vogel um ein Stück Glut aus der Hölle.

»Die will ich dir holen«, versprach der Rabe und machte sich auf den Weg. Nur wenig später fiel ein Stück Glut in den Schlosshof.

Da ertönte ein furchtbares Donnern und Grollen, das Schloss bebte in all seinen Fugen, die Menschen zitterten vor Angst, und selbst dem König lief ein kalter Schauer über den Rücken.

»Nun hast du mich lange genug zum Narren gehalten«, sagte der Jüngling zum König. »Gib mir, wie versprochen, deine Tochter, oder ich kehre nach Hause zurück, und die Höllenglut wird ewig auf deinem Hof brennen.«

Der König zögerte nun nicht länger, denn der Schrecken im Schloss war groß.

»Hier hast du meine Hand«, sprach er zum Jüngling. »Die Prinzessin und mein halbes Reich gehören dir, wenn du nur der Höllenglut ein Ende bereitest.«

Der Jüngling blies in seine Pfeife und rief den zweiten Raben. Dieser brachte die Glut in die Hölle zurück.

Nun rüstete man zur Hochzeit, der Jüngling wurde in Purpur und Gold gekleidet, und in der Brautkrone saß ein Goldapfel mit Silberblättern.

Bald starb der alte König und hinterließ dem Jüngling aus der ärmlichen Hütte sein ganzes Reich. Im ganzen Land verbreiteten sich Wohlstand und Freude.

Und da sitzen die beiden gesund und glücklich und regieren immer noch, wenn das Märchen die Wahrheit erzählt.

(nördliches Schonen, aufgezeichnet von D. J. Billengren)

Der Junge, der mit dem Riesen um die Wette aß

Es war einmal ein Junge, der hatte die Aufgabe, Böcke auf die Weide zu treiben. Als er so durch den Wald stromerte, kam er an eine Hütte, in der ein Riese hauste. Dieser hörte das Meckern und die Rufe und ging hinaus, um zu sehen, was dort los war. Der Riese war so groß und schaute so grimmig, dass der Junge Angst bekam und so schnell wie möglich das Weite suchte.

Am Abend, als er seine Böcke nach Hause trieb, war seine Mutter gerade mit dem Käsen beschäftigt. Der Junge nahm ein Stück von dem frischen Käse, rollte ihn in der Asche und steckte ihn hinter seine Lederweste. Am nächsten Morgen trieb er die Böcke wie an jedem Tag hinaus und kam wieder an der Hütte des Riesen vorbei. Als dieser erneut den Lärm hörte, wurde er wütend, rannte hinaus, packte einen Feldstein und presste ihn in der Faust, so dass die Splitter flogen. Dann rief er:

»Wenn du noch einmal herkommst und solchen Lärm machst, werde ich dich quetschen, bis du so klein bist wie dieser Stein!«

Der Junge ließ sich nicht schrecken, sondern tat so, als würde auch er einen Stein aufheben. In Wirklichkeit nahm er den mit Asche bestäubten Käse in die Hand und drückte ihn, so dass die Molke zwischen seinen Fingern hervorquoll und zu Boden tropfte. Dazu sprach er:

»Wenn du mich nicht in Ruhe lässt, presse ich das Wasser aus dir wie jetzt aus diesem Stein!«

Als der Riese merkte, wie ungeheuer stark der Hütejunge war, bekam er Angst und verzog sich ins Haus. So trennten sie sich für dieses Mal.

Am dritten Tag trafen sie wieder im Wald aufeinander. Der Junge fragte, ob sie erneut ihre Kräfte messen wollten. Der Riese stimmte zu, und der Junge schlug vor:

»Wir werfen deine Axt in die Luft. Wer sie so hoch werfen kann, dass sie nicht mehr zu Boden fällt, hat gewonnen.«

Der Riese war einverstanden und warf zuerst. Er holte mehrmals Schwung und schleuderte sie mit aller Kraft in den Himmel, doch so sehr er sich auch anstrengte, sie kam immer wieder zurück. Da sagte der Junge:

»Ich hätte nicht gedacht, dass du so schwach bist. Gleich wirst du einen besseren Wurf sehen!«

Der Junge schwenkte den Wurfarm, als wollte er werfen, doch dann ließ er die Axt flink in dem Lederrucksack verschwinden, der auf seinem Rücken hing. Der Riese merkte nichts, sondern starrte in den Himmel und wartete, dass die Axt zu Boden fiel. Als nichts geschah, dachte er: Dieser Junge muss unglaublich stark sein, obwohl er doch so klein ist. Daraufhin trennten sie sich, und jeder ging seines Weges.

Ein paar Tage später trafen sie sich erneut. Der Riese fragte, ob der starke Junge nicht in seine Dienste treten wolle. Der Junge willigte ein, ließ seine Böcke durch den Wald streifen und schloss sich dem Riesen an. Bald kamen sie zur Hütte des Riesen.

Es wird erzählt, dass der Riese und der Hütejunge eine Eiche fällen wollten. Als sie den Baum erreicht hatten, fragte der Riese, ob der Junge lieber halten oder hacken wolle.

»Ich will den Baum gern festhalten«, sagte der Junge und entschuldigte sich zugleich, weil er nicht bis zur Spitze reichen konnte.

Da packte der Riese den Baum und bog ihn herunter. Der Junge griff zu, und der Riese ließ los. Der Baum schnellte zurück und schleuderte den Jungen in den Himmel hinauf, so blitzschnell, dass der Riese ihm kaum mit den Augen folgen konnte. Lange stand er da und wunderte sich, wo sein Knecht geblieben war. Dann griff er zur Axt und begann, den Baum zu fällen. Nach einer Weile humpelte der Junge heran, der sich glücklicherweise nichts gebrochen hatte. Der Riese wollte wissen, warum er nicht festhalte. Der Junge ließ sich nichts anmerken, sondern fragte zurück, ob er auch so weit springen könne, wie er es gerade vorgemacht habe. Der Riese verneinte. Da meinte der Junge:

»Nun, dann musst du eben sowohl halten als auch hacken.«

Der Riese war es zufrieden und fällte die große Eiche allein.

Nun sollte der Baum nach Hause gebracht werden. Der Riese fragte seinen Knecht:

»Wenn du die Krone trägst, übernehme ich die Wurzeln.«

»Nein, nein, nimm du nur die leichtere Seite, ich werde den Stamm schon schaffen«, erwiderte der Junge.

Dem Riesen war es nur recht, und er schulterte den dünneren Teil. Der Junge, der hinter ihm ging, rief: »Schieb den Stamm doch noch ein kleines Stück nach vorn!« Das wiederholte er so lange, bis der Baum im Gleichgewicht auf der Schulter des Riesen lag. Schließlich kletterte der Junge selbst noch hinauf und versteckte sich zwischen den Zweigen. Der Riese lief los und glaubte, der Junge trüge das andere Ende. Nach einer Weile wurde ihm die Last allzu schwer, und er stöhnte:

»Bist du noch nicht müde?«

»Nein, keinesfalls«, antwortete der Junge. »Wie kann man von so einer Kleinigkeit müde werden? Das Bäumchen ist so leicht, dass ich es gut allein tragen könnte.«

Der Riese wollte seine Schwäche nicht zugeben, also trottete er weiter. Als sie zur Hütte kamen, war er halbtot vor Anstrengung. Er ließ den Baum fallen, doch der Junge war vorher abgesprungen und tat so, als hätte er die ganze Zeit mitgetragen.

Am nächsten Morgen sagte der Riese:

»Wenn es morgen hell ist, werden wir Getreide dreschen«

»Warum so lange warten?«, erwiderte der Junge, »Lass uns im Morgengrauen dreschen, vor dem Frühstück.«

Der Riese ging auf den Vorschlag ein. Als es Zeit war, holte er zwei große Dreschflegel und nahm den einen in die Hand. Als sie anfangen wollten, konnte der Junge seinen Dreschflegel nicht einmal anheben, so groß und schwer war dieser. Deshalb nahm er einen Stock und schlug damit auf den Boden, im selben Takt wie der Riese. Der merkte nichts, und so ging es, bis der Tag hereinbrach. Da sagte der Junge:

»Lass uns nach Hause gehen und frühstücken.«

»Ja, das wollen wir tun«, antwortete der Riese. »Es war doch ein hartes Stück Arbeit auf nüchternen Magen.«

Einige Zeit später teilte der Riese seinem Knecht mit, nun sei es Zeit zu pflügen. Er wies ihn an:

»Wenn der Hund kommt, machst du die Ochsen los und stellst sie da ein, wohin er läuft.«

Der Junge versprach, alles genau so zu machen. Doch als er die Ochsen losgemacht hatte, kroch der Hund des Riesen unter den Unterbau eines Gebäudes, zu dem es keine Tür gab. Der Riese wollte wissen, ob sein Knecht stark genug war, das Haus allein anzuheben, um die Ochsen in ihren Stall zu bringen. Der Junge überlegte lange, was nun zu tun wäre. Schließlich kam er auf eine Idee. Er schlachtete die Ochsen, zerlegte sie und warf die Teile durch die Luken in das Gebäude. Als er heimkam, fragte der Riese, ob er die Ochsen in den Stall gebracht habe.

»Ja«, erklärte der Knecht, »nachdem ich sie zerstückelt hatte, war es ganz einfach.«

Die Antwort gefiel dem Riesen gar nicht, und er überlegte gemeinsam mit seiner Frau, wie sie den Jungen loswerden könnten. Die Alte sagte:

»Nimm deinen Knüppel und erschlag ihn heute Nacht, wenn er schläft.«

Der Riese meinte, das sei ein guter Vorschlag, und versprach, ihrem Rat zu folgen. Doch der Junge hatte das Gespräch belauscht. Als der Abend kam, legte er ein Butterfass ins Bett und versteckte sich hinter der Tür. Um Mitternacht erhob sich der Riese, griff nach seinem großen Knüppel und prügelte auf das Butterfass ein, dass die Sahne bis in sein Gesicht spritzte. Danach ging er zu seiner Frau, lachte und sagte:

»Ha, ha, ha, ich schlug ihn so, dass sein Hirn an die Wand spritzte!«

Da freute sich die Alte, lobte die Dreistigkeit ihres Mannes und meinte, nun könnten sie ruhig schlafen, denn sie hätten nichts mehr von dem listigen Knecht zu befürchten.

Kaum war der Tag angebrochen, kroch der Junge aus seinem Versteck, ging hinein und begrüßte die beiden. Der Riese wunderte sich:

»Was, du bist nicht tot? Ich dachte, ich hätte dich mit meinem Knüppel erschlagen!«

»Und ich hatte heute Nacht das Gefühl, als hätte mich eine Laus gebissen«, antwortete der Junge.

Am Abend, als der Riese und sein Knecht essen sollten, hatte die Alte Grütze gekocht.

»Das ist gut«, sagte der Junge. »Jetzt wollen wir sehen, wer von uns mehr essen kann!«

Der Riese war sofort bereit und begann, so viel wie möglich in sich hineinzustopfen. Der Junge aber hatte vorgesorgt und seinen Lederrucksack vor die Brust gebunden. Für jeden Löffel Grütze, den er zum Munde führte, ließ er heimlich zwei in den Rucksack fallen. Als der Riese sieben Schüsseln Grütze gegessen hatte, war er so satt, dass er sich stöhnend zurücksinken ließ. Doch der Knecht aß noch genauso eifrig wie zuvor. Da fragte der Riese, wie es komme, dass ein so kleiner Junge so viel verzehren könne.

»Das will ich dir gern erklären«, antwortete der Junge. »Wenn es mir schmeckt, dann esse ich, so viel ich will, wenn ich satt bin, schneide ich mir den Magen auf und esse weiter.«

Bei diesen Worten holte er ein Messer hervor und schlitzte den Rucksack auf, so dass die Grütze heraus quoll. Dem Riesen gefiel das, und er wollte es genauso machen. Als er das Messer in seinen Bauch stieß, begann jedoch das Blut zu strömen, und das kostete ihn das Leben.

Als der Riese tot war, nahm der Junge alles an sich, was es in der Hütte gab, und machte sich nachts davon. Und so endet die Geschichte von dem listigen Hütejungen und dem dummen Riesen.

(südliches Småland)

Die Riesenhütte, deren Dach aus lauter Würsten bestand

Es war einmal ein armer Kätner, wie es so viele gibt, der wohnte tief im Wald. Er hatte zwei Kinder, einen Jungen und ein Mädchen. Eines Tages schickte er die beiden zum Reisigschlagen in den Wald. Die Kinder gehorchten; der Junge nahm die Axt, und sie zogen los. Kreuz und quer ging es durch den Wald, und sie sammelten viel Reisig, wie es der Vater befohlen hatte. Doch schließlich konnten sie den Heimweg nicht mehr finden. Es wurde Mittag, es wurde Abend. Je länger sie suchten, desto mehr liefen sie in die Irre. Das Mädchen bekam große Angst, setzte sich auf einen umgefallenen Baumstamm und weinte bitterlich. Der Junge blieb guten Mutes und tröstete seine Schwester, so gut er konnte.

»Weine nicht«, sagte er. »Ich baue uns eine Hütte. Morgen, wenn es hell wird, finden wir schon wieder heim.«

Gesagt und getan; er nahm seine Axt und zimmerte eine kleine Hütte aus Ästen und Reisig. Das Mädchen hörte auf zu weinen, und so blieben sie über Nacht im Wald.

Am nächsten Morgen begann der Kätnerjunge erneut, nach dem Heimweg zu suchen, doch vergebens. Als sie nun lange gewandert waren, wurde das Mädchen müde, setzte sich und weinte herzzerreißend.

»Beruhige dich«, tröstete der Bruder. »Der Tag ist noch lang; wir werden schon heimkommen, bevor die Sonne untergeht.«

Doch das Mädchen antwortete: »Ich kann nicht weiter gehen, ich bin so hungrig, so hungrig!«

Der Junge hielt sie, so gut es ging, bei Laune und sagte, sie solle nur ruhig sitzen bleiben, er werde etwas zu essen beschaffen.

Als er eine Weile gelaufen war, kam er zu einer kleinen Lichtung. Dort stand eine Hütte, deren Dach aus lauter Würsten bestand! Der Junge freute sich und schlich näher heran, um zu sehen, ob er einige davon mitnehmen könnte. Da nichts zu hören war, wagte er es schließlich, aufs Dach zu klettern. Als er durch das Rauchloch schaute, sah er den alten Riesen, der mit seiner Frau die Hütte bewohnte. Der Junge wollte sich gleich davonmachen, doch der Riese hatte die Bewegung bemerkt und rief mit donnernder Stimme:

»Wer raschelt da auf meinem Dach?«

Mit zitternder Stimme antwortete der Junge:

»Nur ein kleiner, kleiner Vogel.«

»Aha«, brummte der Riese. »Dann kannst du ja keinen Schaden anrichten.«

Der Junge packte eine Hand voll Würste, kletterte herunter und rannte zu seiner Schwester, die ängstlich auf seine Rückkehr gewartet hatte.

Ein paar Tage litten sie keine Not, doch sie konnten den Weg nach Hause noch immer nicht finden. Als ihre Vorräte alle waren, schlich sich der Junge erneut zu der Riesenhütte, deren Dach aus lauter Würsten bestand. Er kletterte vorsichtig aufs Dach; dennoch hörte ihn der Riese und donnerte:

»Wer raschelt da auf meinem Dach?«

Der Junge antwortete mit zarter Stimme:

»Nur ein kleiner, kleiner Vogel.«

»Aha«, brummte der Riese. »Dann kannst du ja keinen Schaden anrichten.«

Wie beim ersten Mal schnappte sich der Junge so viele Würste, wie er tragen konnte, und eilte zu seiner Schwester, die ihn schon ängstlich erwartete.

Nach einiger Zeit machte sich der Junge wieder auf den Weg, um Nahrung für sich und seine Schwester zu suchen.

Diesmal kam das Mädchen mit, um zu sehen, wie er es anstellte. Der Junge hatte es ihr lange ausreden wollen und wäre lieber allein gegangen, doch sie bestand darauf und bekam schließlich ihren Willen. Doch als sie die Lichtung mit der Behausung des Riesen erreichten, begann das Mädchen zu weinen.

»Sei nur still«, beruhigte sie der Junge. »Du wirst sehen, es ist nicht so gefährlich.«

Dann kletterte er aufs Dach und warf Würste hinunter zu seiner Schwester.

Als der Riese Geräusche vernahm, brummte er wie zuvor:

»Wer raschelt da auf meinem Dach?«

Der Junge antwortete vernehmlich:

»Nur ein kleiner, kleiner Vogel!«

Da konnte sich seine Schwester das Lachen nicht verkneifen und platzte laut heraus:

»Hi, hi, hi!«

Der Junge bekam Angst und wollte fliehen, doch er stolperte, trat ein Loch ins Dach und stürzte kopfüber hinunter. Als das Mädchen merkte, was passiert war, rannte es schnell zurück in den Wald.

»Ja, jetzt sehe ich, was für ein Vogel du bist«, knurrte der Riese, als der Junge durch das Dach in die Stube fiel. Dann sagte er zu seiner Frau:

»Mutter, nimm den Knaben und mäste ihn gut, damit wir bald einen leckeren Braten haben!«

Die Riesenfrau packte den Jungen und sperrte ihn in einen Schweinekoben. Sie fütterte ihn mit Nüssen und süßer Milch, so dass er bald kräftiger und fülliger war als je zuvor.

Nach einiger Zeit wollte der Riese wissen, ob der Junge schon dick genug wäre. Deshalb ging er zum Koben und rief, der Knabe solle seinen Finger herausstrecken. Dieser ahnte jedoch Unheil und wies stattdessen ein Stöckchen vor. Der Riese befühlte es und dachte: Der ist noch allzu mager, man spürt ja den Knochen! Also wies er seine Frau an, dem Jungen doppelt so viel an Nüssen und Süßmilch zu geben, was auch geschah.

Einige Tage später ging der Riese wieder zu dem Koben, um festzustellen, ob der Knabe genügend Fett angesetzt hätte. Wie beim ersten Mal zeigte der Junge ein Stöckchen vor. Der Riese wunderte sich sehr über den mangelnden Fortschritt und gab seiner Frau die Schuld. Die Riesenfrau meinte, offenbar lohne es sich nicht, den Jungen zu mästen; er werde ja doch nicht fett.

»Wenn es so ist, reite ich noch heute los und lade unsere Freunde zum Essen ein«, sagte der Riese. »Du kannst inzwischen den Ofen anheizen und das Fleisch braten.«

Die Frau war einverstanden und versprach, alles zu richten. Daraufhin sattelte der Riese sein Ross und ritt davon.

Als er fort war, machte die Riesenfrau ein großes Feuer und heizte den Ofen. Sie holte den Knaben aus dem Koben und setzte ihn auf den Brotschieber. Doch der Junge merkte, dass es um sein Leben ging, und ließ sich deshalb immer wieder von dem Schieber fallen. Die Frau ärgerte sich über so viel Ungeschicklichkeit, doch der Junge entschuldigte sich, er wisse eben nicht, wie man auf einem Brotschieber richtig zu sitzen habe.

»Mutter«, sagte er, »setzt Euch doch selbst einmal darauf, damit ich es lerne.«

Die Riesenfrau erfüllte ihm den Wunsch, doch im selben Augenblick war der Junge zur Stelle und schob sie in den glühendheißen Ofen. Damit beschloss sie ihr Leben.

Als die Riesenfrau tot war, sammelte der Junge alles zusammen, was er im Haus an Essbarem finden konnte, und lief in den Wald, um nach seiner Schwester zu suchen. Er fand sie in der kleinen Reisighütte, und man kann sich vorstellen, wie groß die Freude war. Sie hatten nicht gedacht, sich je wiederzusehen. Das Mädchen hatte sich die ganze Zeit von den Würsten ernährt, die der Junge vom Dach geworfen hatte. Sie war überzeugt gewesen, dass die Riesen ihren Bruder verspeist hatten. Noch immer standen Tränen in ihren Augen, so sehr hatte sie um ihn geweint.

Währenddessen war der Riese heimgekehrt und wunderte sich, dass ihm seine Frau nicht wie sonst entgegenkam. Sicher hat sie viel mit den Vorbereitungen für das Abendessen zu tun, vermutete er. Er stieg vom Pferd und ging ins Haus, aber die Frau war nirgendwo zu sehen. Vielleicht ist sie in den Wald gegangen, dachte er. Ich werde solange nach dem Braten sehen.

Als er in das Ofenloch schaute, da entdeckte er seine eigene Frau fix und fertig gebraten, doch von dem listigen Knaben sah er keine Spur! Er begriff, was geschehen war und erregte sich so sehr, dass sein Herz brach und er tot zu Boden fiel.

Einige Tage später waren die letzten Würste verzehrt. Der Kätnerjunge beschloss, zur Lichtung zu gehen und zu sehen, wie es um die Riesen stand. Diesmal durfte das Mädchen nicht mitkommen.

Als er die Hütte erreichte, kletterte er leise aufs Dach und spähte durch den Rauchfang hinein. Man kann sich vorstellen, wie froh er war, als er den Riesen tot vor dem Ofen liegen sah.

Schnell rannte er zu seiner Schwester und erzählte ihr die Neuigkeit. Gemeinsam gingen sie zurück und nahmen alles Wertvolle mit, was die Riesen besessen hatten. Auf der anderen Seite der Hütte entdeckten sie einen Pfad, der sie durch den Wald führte. Sie folgten ihm und kamen so glücklich zu ihrem Vater zurück. Danach war ich nicht mehr dabei.

(südliches Småland)

Der diebische Schustergeselle

Es war einmal ein Schustergeselle, der arbeitete bei einem Meister in einer kleinen Stadt oben im Land. Dort hielt er es nicht lange aus und nahm seinen Abschied, um in die Hauptstadt zu reisen und dort sein Glück zu versuchen, wie er sich ausdrückte.

In der Stadt angekommen erkundigte er sich nach einer Herberge und wie er dahin gelange. Doch Arbeit konnte er nicht bekommen, denn alle Meister hatten das Haus voller Gesellen. Schließlich fand er Beschäftigung bei einem der ärmsten Schumacher der Stadt. Einige Wochen arbeitete er bei besagtem Meister, der aber oft keine Aufträge hatte, so dass dem Gesellen viel freie Zeit blieb. Schließlich hatte er es satt und beschloss, weiter auf Wanderschaft zu gehen, doch der Meister wollte ihn nicht freigeben, denn der Geselle war ein besserer Schuhmacher als er selbst und vermochte es darüber hinaus, durch sein flinkes Mundwerk Kunden zu gewinnen.

Lange Zeit hatten Meister und Geselle große Mühe, auch nur das Lebensnotwendige zu verdienen. Schließlich fiel dem listigen Schustergesellen ein, wie sie ihre Lage verbessern konnten.

Als er eines Tages am Schatzhaus vorbeispazierte, kam ihm der Gedanke, dessen Mauern zu überwinden und sich einer gewissen Geldsumme zu bemächtigen. Er drehte noch eine Runde, um die Lage genauer zu erkunden. Gegen Mitternacht begab er sich mit geeignetem Werkzeug wieder zum Schatzhaus, um einige Steine herauszubrechen und sich Einlass zu verschaffen.

Lange schuftete er vergebens, denn die Mauer war ziemlich dick. Doch schließlich schaffte er es, hinein zu gelangen. Er nahm nur wenig Geld aus jedem Fach und hoffte, dass niemand das Fehlen bemerken würde. Zufrieden schlich er nach Hause zurück, nachdem er das Loch in der Mauer sorgfältig wieder verschlossen hatte.

Für den Gesellen und seinen Meister begann nun ein neues Leben. Lange hatten die Nachbarn und die anderen Meister verächtlich auf den erfolglosen Meister Jönsson hinabgesehen. Kaum jemand wollte ihn auch nur grüßen, denn Armut ist ein Hindernis, wenn man auf die Achtung Wert legt, die man in der Stadt nur einem Bürger erweist. Bald stand das Haus des Schumachers Jönsson in hellerem Glanz als das jedes anderen Bürgers in der Stadt, und alle wunderten sich über die rasche Veränderung.

Nun fanden sich schnell Schmarotzer ein, die dem Meister und seinem Gesellen Freund und Bruder sein wollten. Doch der Geselle legte keinen Wert auf so genannte Freunde und Brüder, sondern antwortete kurz, dass die, welche ihn und seinen Meister wegen ihrer Armut verachtet hatten, nun auch nicht die Ehre haben könnten, mit jemandem umzugehen, der weit besser als sei als sie selbst.

Um bei den Nachbarn kein allzu großes Aufsehen zu erregen, arbeiteten Meister Jönsson und sein Geselle Mårten weiter fleißig, zumal es nun an Aufträgen nicht mangelte. Bald konnte sich kein Schumacher in der Stadt mehr mit Meister Jönsson messen.

So verging einige Zeit, und schließlich wurde das Haus des Schumachers Jönsson das vermögendste und ansehnlichste Bürgerhaus der Stadt. Lange verschwieg der Geselle seinem Meister die heimliche Geldquelle. Jönsson wunderte sich nur über die unendliche Großzügigkeit, die der Geselle Mårten ihm und seinem Haus erwies. Doch schließlich offenbarte sich Mårten seinem Meister, in der Hoffnung, dass dieser ihn wegen der Selbstlosigkeit, mit der er ihn unterstützt hatte, nicht verraten würde.

Allmählich merkte man, dass das Geld im Schatzhaus abnahm, und es begann eine allgemeine Suche nach den Dieben. Man hatte auch das Loch in der Mauer bemerkt, durch das die Diebe hereingekrochen waren. Nun achtete man genau darauf, was um das Schatzhaus herum geschah, und setzte Wächter ein, um die Diebe zu erwischen. Auf höheren Befehl wurden sogar im Schatzhaus einige Männer postiert.

Eines Abends sagte der Geselle zum Meister:

»Heute Nacht besuchen wir ein letztes Mal das Schatzhaus und holen einige tausend Reichstaler. Danach hören wir auf, denn ich habe gehört, dass man die Diebe sucht. Jetzt verkleiden wir uns, und dann spazieren wir hin.«

Der Meister willigte ein. Als sie am Schatzhaus waren, sagte der Geselle:

»Ich war nun so oft dort drinnen – diesmal bist du an der Reihe. Es ist nichts weiter dabei; ich habe es viele Male gemacht, und du verdankst mir deinen Wohlstand und dein Ansehen. Diesmal wirst *du* also die Beute mit *mir* teilen.«

Als Mårten die Steine weggeräumt und den Meister instruiert hatte, kroch dieser hinein. Die Wächter, die den Dieb bemerkten, waren mit einem Gewehr und einem Säbel bewaffnet. Als Jönsson aus dem Loch in der Mauer auftauchte, sprang einer der Wächter vor und hieb ihm den Kopf ab. Mårten, der merkte, was los war, zog schnell den leblosen Körper zurück, riss den Kopf, der noch an einem Stück Haut gehangen hatte, vollends ab und rannte damit davon.

In der Stadt erregte dieses Geschehen großes Aufsehen. Niemand erkannte den Dieb, weil ja der Kopf verschwunden war. Der König beauftragte also eine erfahrene Wahrsagerin, den Dieb und seine Wohnstatt zu ermitteln. Die Alte versprach, ihr Bestes zu geben, ließ sich eine

Tasse Kaffee reichen, trank sie aus und begann, im Satz herumzurühren.

»Der Dieb wohnt nicht weit von hier«, verkündete sie bald. »Schande über mich, wenn ich mich irre! Ihr müsst nun tun, was ich Euch sage. Nehmt den Leichnam und lauft damit durch die ganze Stadt, von Haus zu Haus. Natürlich wird die Frau, die ihren Ehemann erkennt, bei diesem Anblick erschrecken. Lasst Euch nichts anmerken, sondern markiert die Tür mit einem Kreuz, damit Ihr später wisst, wohin Ihr gehen müsst.«

Der König und seine Getreuen folgten dem Rat der Wahrsagerin. Die ganze Stadt wunderte sich darüber, dass eine kopflose Leiche durch die Straßen gefahren wurde. Schließlich erreichte die Prozession das Haus des Schumachers. Seine Frau, die gerade aus dem Fenster schaute, sah den Körper ihres Gatten auf einem alten Karren liegen, schlug die Hände zusammen und jammerte:

»Ach, mein Mann, mein Mann!«

Der Geselle, der merkte, dass Gefahr im Verzug war, eilte zu ihr und erklärte ihr, was sich zugetragen hatte. Kaum war er damit fertig, stürmten auch schon ein paar Soldaten herein und fragten nach der Frau, die nach ihrem Mann gerufen habe. Mårten griff heimlich nach einem Messer und umfasste die Klinge. Daraufhin zeigte er den Soldaten seine blutige Hand und erklärte:

»Seht her! Deshalb hat sich meine Frau so erschreckt. Ich habe mich geschnitten, und da hat sie laut aufgeschrieen.«

Die Soldaten gaben sich damit zufrieden, waren jedoch so vorsichtig, trotzdem ein Kreuz an die Tür zu malen, falls sie noch einmal nachfragen mussten.

Wenig später ging der Geselle aus dem Haus und bemerkte das Kreuz über der Tür. Er dachte sofort an eine List, kehrte um, holte ein Stück Kreide und markierte alle umliegenden Häuser auf die gleiche Art und Weise.

Nach einer Stunde kamen dieselben Soldaten in Begleitung des Amtsanwalts zurück. Als sie an so vielen Häusern Kreuze sahen, irrten sie hilflos umher und wussten nicht, welches das richtige war.

Wieder wandte sich der König an die Wahrsagerin, machte ihr Vorwürfe wegen der misslungenen Suche und drohte ihr, dass sie in ihrem Beruf nicht mehr glücklich würde, sollte sie noch einmal versagen.

Diesmal gab ihm die Alte den Rat, den Körper draußen vor der Stadt an einen Galgen zu hängen. Sicher würden Verwandte kommen und ihn abnehmen.

Man befolgte den Rat, und bald baumelte der kopflose Körper an einem Galgen. Auch dort hatte man Wachen aufgestellt, einen Unteroffizier und zwei Soldaten. Mehrere Tage hing der Leichnam dort als Attraktion für alle Menschen, doch glücklicherweise erkannte ihn niemand. Eine große Belohnung winkte dem, der sagen konnte, wer der Dieb gewesen war und wo er gewohnt hatte.

Es schmerzte den Gesellen, den Körper seines Meisters so am Galgen hängen und den Vorübergehenden als Spektakel dienen zu sehen. Deshalb beschloss er, das Wagnis einzugehen und ihn herunterzunehmen. Er wusste nur noch nicht, wie er es anstellen könnte. Schließlich fiel ihm etwas ein. Er verschaffte sich drei Priestergewänder, einen prächtigen Wagen und zwei Pferde. Gegen Mitternacht fuhr er zum Galgen und hielt dort an, ohne abzusteigen. Die Wächter wunderten sich und meinten, jemand wollte den Dieb abnehmen. Sie näherten sich dem Wagen und wollten wissen, wer der nächtliche Besucher sei.

»Meine Freunde, ich bin ein Reisender, war in der Stadt und wurde dort geschäftlich aufgehalten, so dass ich erst jetzt weiterfahren kann. Was, in aller Welt, tun die Herren hier?«, sprach dieser und nahm einen Korb mit Flaschen aus dem Wagen.

»Ja, wir sind hier, um einen Dieb zu bewachen, der dort am Galgen hängt«, erklärte der Unteroffizier und zeigte hinter sich.

»Er wird wohl nicht davonlaufen, während sich die Herren einen Schnaps oder ein Gläschen Wein schmecken lassen«, lachte der nächtliche Reisende. »Kommt, Ihr seid eingeladen!«

»Oh«, antwortete der Unteroffizier, »er wird sicher nirgendwohin mehr gehen, denn sein Kopf fehlte schon, als er hier aufgehängt wurde. Aber wir befürchten, jemand könnte den Leichnam stehlen; deshalb wurden wir hier postiert.«

»Ich bedaure, dass man Euch eine so undankbare Aufgabe zugewiesen hat. Vielleicht hilft Euch ein Gläschen, die Langeweile zu vertreiben?«

Das ließen sich die Wächter nicht zweimal sagen und leerten eine Flasche nach der anderen, bis sie sturzbetrunken waren. So hatte es sich der Geselle gedacht. Schließlich waren sie so abgefüllt, dass sie umfielen und zu schnarchen begannen.

Mårten freute sich; das Spiel war gewonnen. Er entkleidete die drei und zog ihnen die Priesterroben an. Dann eilte er zum Galgen, holte den Leichnam seines ehemaligen Meisters herunter und begrub ihn ein Stück entfernt im Wald. Im Morgengrauen fuhr er in die Stadt zurück.

Der Unteroffizier und die beiden Soldaten schliefen gut und lange, bis sie von der Sonne geweckt wurden. Aber ach, wie wunderten sich die Ärmsten, als sie entdeckten, dass sie über Nacht in Priester verwandelt worden waren. Noch schlimmer traf sie allerdings, dass der Dieb verschwunden war. Sie jammerten und beratschlagten, wie sie sich nun verhalten sollten. Dass man sie für ihr Versäumnis hinrichten würde, wussten sie. Was konnten sie also tun? Davonlaufen hatte keinen Zweck, man hätte sie bald ergriffen. Schließlich sagte der Unteroffizier:

»Ich weiß keinen anderen Rat, als zum König zu gehen und alles zu gestehen. Vielleicht lässt er Gnade vor Recht ergehen. Es ist wohl am besten, die Wahrheit zu sagen.«

Also marschierten die drei zum Schloss und baten, mit dem König sprechen zu dürfen.

»Euer Majestät, hier sind drei Geistliche, die um eine Audienz bei Euch bitten«, meldete sie einer der Kammerherren.

»Sie sollen hereinkommen«, sprach der König.

Beim Eintreten verbeugten sich die drei Unglücksraben.

»Was wollen die Herren Pastoren, und warum erscheint Ihr zu dritt?«, erkundigte sich der König in freundlichem Ton.

Sofort fielen die drei auf die Knie, doch der König sprach:

»Steht doch auf, meine Herren! Wir sind doch alle Menschen und müssen nur vor einem Demut zeigen.«

»Ach«, begann da der Unteroffizier mit zitternder Stimme, »wir können vor Eurer Majestät gar nicht demütig genug sein, wir, die wir gefehlt haben! Wir sind nämlich gar keine Priester – erlauben Majestät, dass ich weiterrede?«, erkundigte sich der Unteroffizier ängstlich.

»Wie – Ihr seid keine Geistlichen, tragt aber dennoch Priestergewänder? Sprecht, ich will wissen, was das zu bedeuten hat, und wenn Ihr gefehlt habt, soll mein Urteil milde ausfallen.«

»Ach«, klagte der Unteroffizier, den Tränen nahe, »wir sind die drei, denen vor einigen Tagen befohlen wurde, den kopflosen Dieb zu bewachen, der am Galgen hing. Treu haben wir unsere Pflicht erfüllt – bis letzte Nacht. Da kam ein seltsamer Mann zu uns, dem wir leid taten und der uns zum Wein einlud. Vermutlich war es der Leibhaftige höchstpersönlich, denn ein Mensch konnte uns doch nicht in einen so tiefen Schlaf versetzen! Wir erwachten erst, als die Sonne hoch am Himmel stand, und merkten, dass wir in Priester verwandelt worden waren. Wir beschlossen dann, Euer Majestät dieses Geschehen wahrheitsgemäß zur Kenntnis zu geben und keine Ausflüchte zu suchen. Gnädigster König, verzeiht unser Vergehen!«

Der König konnte sich bei dieser Geschichte vor Lachen kaum halten und sagte:

»Es war sicher nicht der Leibhaftige, der euch diesen Streich gespielt hat, sondern ein Mensch aus Fleisch und Blut. Wenn ich nur wüsste, wer es gewesen ist – ich würde ihm eine große Belohung geben, denn das war wirklich ein Meisterstück! Nun, ich will diesmal Gnade vor Recht ergehen lassen. Kehrt zu eurem Dienst zurück und übt euch künftig in Treue und Zuverlässigkeit! Ihr hättet wirklich eine Strafe verdient, weil ihr euch durch Trunkenheit verleiten ließet – denn sonst wäret ihr nicht in diese Lage geraten!«

Die drei Unglücksraben verbeugten sich tief und dankten dem König für seine Gnade.

Der König ließ nun verkünden, dass derjenige, der den Dieb vom Galgen genommen und die drei Wächter genarrt habe, eine reiche Belohnung bekommen werde. Sollte er sich selbst anzeigen, würde er gnädig empfangen und ginge selbstverständlich straffrei aus. Mårten überlegte, ob er diesem Versprechen trauen könne, oder ob er in eine Falle gelockt werden sollte.

Schließlich fasste er sich ein Herz, ging zum Schloss und meldete sich beim König.

»Seid Ihr der Mann, der den Dieb gestohlen und meine Soldaten in Pfaffen verwandelt hat?«, fragte der König.

»Ja, gnädigster König, ich war das«, gestand der Geselle mit bebender Stimme.

»Nun, dann wisst Ihr auch, wer der Dieb war!«

»Keinesfalls, der Spitzbube ist mir völlig unbekannt. Mir tat nur der Leichnam leid, der dort zur Schau gestellt wurde. Deshalb überlistete ich die Wächter.«

Nun erzählte er dem schmunzelnden König haarklein, wie er es angestellt hatte. Er schloss mit den Worten:

»Ich habe mich hergewagt im Vertrauen auf das Wort Eurer Majestät. Und ich bitte um eine Gnade.«

»Um welche Gnade bitte Ihr denn?«

»Ich möchte der Hofschuhmacher Eurer Majestät werden.«

»So sei es – ab heute dürft Ihr Euch Hofschuhmacher nennen, und morgen meldet Ihr euch in dieser Eigenschaft bei Hofe.«

Der Geselle verbeugte sich dankbar und verabschiedete sich bis zum nächsten Tag.

Der König erfuhr nie die Wahrheit über die Diebstähle, und auch kein anderer.

(Aufgezeichnet von Sven Sederström, Aringsås, südliches Småland)

Der Braten für den Pastor

Vermögende, aber ungewöhnlich geizige Bauersleute wollten ein Kind taufen lassen und erwarteten den Pastor.

»Es ist ärgerlich, dass wir dem Pastor keinen Braten anbieten können«, sagte der Mann. »Feine Leute wie er haben so etwas gern.«

»Oh, da wüsste ich einen Rat«, erwiderte seine resolute Frau. »Wir schlachten den Kater und servieren ihn als Hasenbraten. Was versteht so ein Pastor schon davon?«

»Das mag angehen«, meinte der Bauer.

Der Kater, der in der Küche saß, hatte das Gespräch belauscht. Er machte sich, so schnell er konnte, davon. Im Hof traf er den Hahn, der fragte:

»Warum hast du es heute so eilig?«

»Ich muss mich verstecken! Sie wollen mich braten, weil sie den Pastor erwarten.«

»Wenn es so ist, dann schließe ich mich besser an«, meinte der Hahn. »Falls sie auf die Idee kommen, ihm ein Brathähnchen vorzusetzen.«

Gemeinsam eilten sie davon.

Im Hof begegneten sie einem Schock Gänse.

»Wohin wollt ihr denn so eilig?«, fragte der Gänserich.

»Wir müssen fliehen und uns verstecken, weil sie uns braten wollen, denn sie erwarten heute den Pastor«, antwortete der Kater, der wie immer der Wortführer war.

»Dann leisten wir euch Gesellschaft, ehe ihnen einfällt, Gänseklein aus uns zu machen«, schnatterten die Gänse und watschelten hinterher.

Als die Gesellschaft den Hof fast durchquert hatte, stand da der Stier.

»Wohin, in aller Welt, wollt ihr?«, brummte er. »Und warum seid ihr alle zusammen unterwegs?«

Der Kater erklärte die Lage, worauf der Stier schnaubte:

»Gestattet mir, dass ich mich euch anschließe; auch ich habe keine Lust, als Braten zu enden.«

Nun begaben sie sich in den Wald. Dort trafen sie einen Hasen, der nicht wusste, ob er sich angesichts dieser bunten Schar fürchten oder wundern sollte.

»Wo wollt ihr denn hin, alle zusammen?«, fragte er.

Als er begriffen hatte, worum es ging, reihte er sich sofort ein. Sie wanderten den ganzen Tag durch den Wald, fanden aber keinen geeigneten Platz zum Übernachten.

Spät am Abend kamen sie zu einer Hütte, vor der ein Mann Holz hackte. Der Stier machte sich zum Sprecher der Gemeinschaft:

»Lieber Herr, habt Ihr nicht einen Schuppen oder eine Scheune, wo wir übernachten können? Wir sind von zu Hause geflohen, weil unser Bauer den Pastor erwartet und uns braten will.«

Der Mann antwortete:

»Nein, meine lieben Kreaturen. Ich besitze leider nur dieses kleine Haus. Aber ihr dürft gern darin schlafen, denn ich bleibe draußen, weil es nachts da drinnen spukt. Deshalb übernachte ich in einer anderen Hütte, die ein Stück entfernt ist. Tagsüber ist nichts zu hören, deshalb bin ich noch hier. Wenn ihr euch traut, dürft ihr gern bleiben, aber ich habe euch gewarnt!«

»Wir haben keine Angst«, erklärte der Stier. »Mit dem Spuk werden wir schon fertig werden. Aber sagt, welcher Art ist er denn?«

»Ich kenne mich damit nicht gut aus«, sagte der Mann. »Ich vermute, dass in meiner Hütte nächtens die Trolle tanzen.«

»Wenn wir bleiben dürfen, werden wir versuchen, sie daran zu hindern«, erklärte der Stier.

Der Mann entfernte sich, und die Tiere gingen ins Haus. Ein jedes suchte sich seinen Platz: Der Stier stellte sich an die Tür, die Gänse setzten sich auf eine Bank, die Katze kroch ins Ofenloch, der Hahn flatterte auf eine Stange unterm Dach und der Hase hoppelte auf dem Boden hin und her.

Mitten in der Nacht raschelte etwas, die Tür wurde geöffnet, und eine groß gewachsene Frau trat ein. Sie machte sich daran, ein Licht anzuzünden, doch da nahm sie der Stier auf die Hörner und schüttelte sie so heftig, dass ihr fast jeder Darm aus dem Leib fuhr.

Dann schleuderte er sie zu der Bank, wo die Gänse saßen. Als sich die Alte wieder erheben wollte, hackten sie mit ihren scharfen Schnäbeln auf sie ein. Auch der Kater mischte sich ein; knurrend und fauchend hieb er ihr seine Krallen ins Gesicht. Der Hahn freute sich über den Aufruhr und krähte munter dazwischen. Nur der Hase war so erschrocken, dass er nicht wusste, was er tun sollte und ziellos im Raum herum hoppelte. Schließlich schaffte es die Alte, aus dem Haus zu entkommen. Draußen warteten die Trolle und riefen:

»Warum ist es drinnen noch so dunkel? Du solltest doch alles für unser Fest vorbereiten?«

»Ach!«, klagte die Alte, »Geht bloß nicht hinein! Es würde euch genauso ergehen wie mir.«

»Wie denn? Was hat man dir angetan?«, wollten die Trolle wissen.

»Ich kann es kaum erklären«, sagte die Frau. »Als ich eintrat, fiel ein riesiger Kerl über mich her. Er hob mich mit seiner Strohgabel hoch und schüttelte mich durch, dass mir Hören und Sehen vergingen. Dann schleuderte er mich quer durch den Raum zu der Bank, wo einige

Schneidergesellen saßen. Sie lachten mich aus und stachen mich mit ihren spitzen Scheren. Daraufhin mischte sich ein grässliches Weib ein, das mich anfauchte und mir mit den Fingernägeln das Gesicht zerkratzte. Unterm Dach saß einer, der schrie die ganze Zeit: Hackt sie entzwei! Hackt sie entzwei! Und auf dem Fußboden rannte ein kleiner Teufel hin und her, der suchte offenbar nach der Hacke. Hätte er sie gefunden, wäre ich wohl nicht wieder hinausgekommen!«

»Das ist ja schrecklich!«, meinten die Trolle. »Hier wollen wir nicht bleiben!«

Am Morgen, als der Mann wiederkam, sagte der Stier: »Ich kann Euch versichern, dass Ihr in Eurer Hütte von nun an sicher seid. Hier wird es nie mehr spuken!«

Der Mann bedankte sich bei den Tieren und wohnte von nun an friedlich in seinem kleinen Haus.

Die Tiere aber kehrten nach Hause zurück.

(Aufgezeichnet von Sven Sederström, Aringsås, südliches Småland)

Die stehlenden Brüder

Eine Witwe hatte drei Söhne von ihrem verstorbenen Mann, und die waren alles, was sie besaß. Sie war so arm, dass sie die Jungen nicht länger im Haus halten konnte. Schon oft hatte sie ihnen geraten, sich einen Dienst zu suchen oder auf andere Weise ihr Glück zu machen. Die Jungen waren aber immer zu Hause gewesen und hatten sich nie anstrengen müssen. Also glaubten sie, dass alle Arbeit zu hart für sie wäre.

»Wir werden dich und uns versorgen, ohne bei jemand anders zu dienen«, versprachen sie.

»Wie wollt ihr das anstellen?«, fragte die Mutter.

»Nun«, antwortete der älteste Bruder, »wir gehen zu dem reichen Bauern Per und stehlen in der Nacht jeder ein Schaf, dann haben wir wenigstens Fleisch für eine Weile.«

Der Mutter gefiel das gar nicht, und sie meinte, das sei eine große Sünde und ein gefährliches Unternehmen, denn sie konnten gefasst und bestraft werden, aber die Jungen hatten sich entschieden.

»Ich will aber auch mit«, meldete sich der jüngste, der erst zwölf Jahre alt war.

»Was sollen wir mit dir halben Portion? Nein, du bleibst zu Hause«, höhnten seine älteren Brüder.

Wütend lief der Knabe zum Bauern und sagte:

»Wenn Ihr mir morgen ein Schaf gebt, werde ich Euch heute Nacht vor Dieben schützen.«

»Ja, weißt du denn sicher, dass heute Nacht Diebe kommen?«, fragte der Bauern erschrocken.

»Ganz sicher! Ich werde es Euch morgen beweisen.«

»Gut, wenn du das kannst, sollst du dein Schaf haben«, versprach der Bauer.

Der Knabe lief nun zum Stall hinunter, nahm sich einen Knüppel und versteckte sich zwischen den Tieren. Mitten in der Nacht kamen die Brüder. Sie öffneten leise die Tür, und der eine flüsterte dem anderen zu:

»Halte du die Tür auf, ich gehe rein und hol mir eines. Dann halte ich, und du gehst.«

Daraufhin kam der älteste Bruder herein, aber als er gerade nach einem Schaf greifen wolle, schlug ihm der jüngste den Knüppel vor die Stirn, so dass er hintenüber fiel.

»Verdammt«, fluchte er. »Es müssen einige Böcke darunter sein.«

»Ach, bist du dumm«, sagte der zweite Bruder, der an der Tür stand. »Halte du, jetzt bin ich an der Reihe.«

Aber auch er bekam den Knüppel vor den Schädel.

»Teufel noch mal! Du hast Recht; hier kriegen wir keine Schafe!«

Der Knabe hatte seinen Brüdern aber heimlich je einen Handschuh abgenommen; die wollte er dem Bauern zeigen als Beweis, dass Diebe da gewesen waren.

Die beiden älteren Brüder gingen nach Hause und brachten in dieser Nacht nichts zustande.

Am Morgen ging der Knabe zum Bauern und zeigte ihm die Handschuhe.

»Bekomme ich nun ein Schaf? Hier ist der Beweis, dass Diebe im Stall gewesen sind.«

Der Bauer überließ ihm ein Schaf. Froh kehrte er nach Hause zurück und erkundigte sich bei seinen großen Brüdern:

»Wo habt ihr denn die Schafe, die ihr heute Nacht gemopst habt? Seht, hier ist meines!«

»Hast du wirklich ein Schaf gestohlen?«, fragten sie verblüfft.

»Na klar«, antwortete der Kleine lächelnd. »Schämt euch, groß wie ihr seid, und könnt keine Schafe stehlen!«

»Das war unmöglich«, verteidigten sich die Verspotteten. »Die verdammten Böcke waren so wild, dass sie uns fast die Köpfe eingeschlagen hätten.«

Der Kleine lachte sie aus und sagte:

»Mir haben sie nichts getan.«

»Mag sein. In der kommenden Nacht gehen wir jedenfalls zum selben Bauern und stehlen Gänse«, beschlossen die älteren Brüder. »Die können uns wenigstens nicht stoßen!«

»Brüder, nehmt ihr mich mit?«, fragte der Knabe.

»Nein, du bist uns nur im Weg«, antworteten sie.

Wütend lief der Knabe zum Bauern und sagte:

»Wenn Ihr mir morgen eine Gans schenkt, will ich heute Nacht Eure Gänse bewachen.«

»Ja, hast du denn gehört, dass heute Nacht Diebe kommen?«, fragte der Bauer.

»Bestimmt! Ich werde es Euch morgen beweisen.«

»Wenn du das kannst, sollst du auch deine Gans haben.«

Der Junge holte sich eine Schmiedezange, ging in den Gänsestall und verbarg sich zwischen den Tieren.

Mitten in der Nacht kamen die Brüder, und der eine sagte zum anderen:

»Halte du die Tür auf, ich hole meine Gans zuerst.«

Als er eintrat und nach den Tieren tastete, schlich der Junge heran und kniff ihn mit der Zange schmerzhaft in die Nase.

»Tausend Teufel!«, schrie der älteste Bruder. »Ich wurde gebissen!«

»Sei nicht dumm«, meinte der andere. »Halte die Tür; ich werde es besser machen.«

Er versuchte es, doch ihm passierte dasselbe. Diesmal kniff der jüngere Bruder noch fester zu.

Wieder kehrten die Brüder unzufrieden nach Hause zurück. Diesmal hatte ihnen der Junge zum Beweis die Hüte abgenommen.

Am Morgen ging er zum Bauern, zeigte ihm die Trophäen und sagte:

»Hier ist der Beweis, dass heute Nacht Diebe im Gänsestall waren.«

Der Bauer war von dem Mut des Knaben beeindruckt und schenkte ihm eine Gans.

Zu Hause waren die älteren Brüder sehr verwundert über die Geschicklichkeit des Kleinen in diesem Beruf.

»Und wo habt ihr eure Beute?«, wollte der Knabe wissen.

»Es war unmöglich, die Gänse haben uns furchtbar in die Nasen gekniffen«, antworteten die Brüder.

Der Kleine lachte sie aus; sie seien ja zu dumm zum Stehlen.

»Seht her«, rief er. »So eine schöne fette Gans, und sie stammt vom selben Bauern!«

»Bauer Per soll den ganzen Boden voller Wurst und Schinken haben«, sinnierte der älteste Bruder. »Dort können wir stehlen, dort werden wir weder geschlagen noch gekniffen.«

»Darf ich diesmal mit?«, fragte der Kleine.

Die Älteren wussten nun, dass er etwas vom Stehlen verstand, also meinten sie:

»Gut, diesmal darfst du mit; wir werden ja sehen, wie es geht.«

Als sie auf den Dachboden des Bauern kamen, fanden sie nicht so viel Beute, wie sie erwartet hatten. Nur die beiden älteren Brüder konnten sich je einen großen Schinken auf die Schulter laden. Der Kleine war eingeschnappt, weil er nichts abbekommen hatte. Irgendetwas muss ich mitnehmen, dachte er.

Deshalb hob er die Tür aus den Angeln. Seine Brüder wunderten sich über diesen dummen Einfall.

»Was in aller Welt willst du mit der Tür?«, fragten sie zornig.

121

Weil die Tür so schwer war, mussten sie ihm auch noch beim Tragen helfen. Sie bereuten es schon, ihn mitgenommen zu haben. Der kleine Bruder erklärte:

»Ich will auch etwas stehlen. Wenn ich nichts nehmen darf und ihr mir nicht helft, gehe ich zum Bauern und zeige euch an.«

Zähneknirschend packten sie mit zu. Dadurch kamen sie nur langsam voran, und als der Morgen graute, hatten sie erst den halben Heimweg hinter sich. Man kann sich denken, wie wütend sie auf ihren kleinen Bruder waren.

Nun wagten sie es nicht, weiter zu gehen, denn sie fürchteten, entdeckt zu werden. Lange überlegten sie, was sie tun sollten. Schließlich machte der jüngste Bruder einen Vorschlag, den die anderen beiden annahmen. Neben ihnen erstreckte sich eine schöne grüne Wiese, auf der eine große, dicht belaubte Eiche stand.

»Brüder, hört meinen Plan! Wir klettern auf diesen hohen Baum, der uns mit seinem Laub vor Blicken schützt. Dort bleiben wir den ganzen Tag ruhig sitzen, und niemand wird uns finden.«

Also kletterten sie hinauf, was wegen der schweren Tür nicht einfach war. Schweigend warteten sie ab.

Um die Mittagszeit rollte eine große gräfliche Kutsche heran. An der Eiche hielt sie an, und die Reisegesellschaft bewunderte den schönen, stattlichen Baum. Die feinen Herrschaften kamen aus der Stadt und waren ländliche Schönheiten nicht gewöhnt.

»Was für ein reizender Platz!«, schwärmte die Gräfin. »Lasst uns ausspannen und hier zu Mittag speisen!«

Der Graf war einverstanden, die Bediensteten spannten die Pferde aus, und die Kammerzofen breiteten ein Tischtuch aus.

Das Tafelservice war kostbar. Teller, Messer, Gabeln, Löffel, alles bestand aus reinstem Silber und funkelte so herrlich, dass denen oben im Baum die Augen übergingen. Bald standen die feinsten Speisen auf dem Tuch, und die Herrschaften waren zum Essen bereit. Als Stühle dienten die Erde und das saftiggrüne Gras.

Als das Grafenpaar eine Weile gespeist hatte, flüsterte der Knabe:

»Brüder, was soll ich tun? Ich muss so nötig pissen und weiß mir keinen Rat …«

»Bist du verrückt?«, zischte der älteste Bruder. »Du bringst uns ins Unglück! Warum haben wir dich nur mitgenommen? Wir könnten längst zu Hause sein und Schinken essen!«

»Ich kann es nicht länger halten. Ich muss pissen«, stöhnte der Jüngste.

So geschah es, und der Urin tropfte von den Blättern herab auf die feinen Herrschaften. Die Gräfin, die dem Baum am Nächsten saß, bekam Tropfen auf den Kopf, die Arme und die Hände.

»Wie herrlich ist es doch auf dem Lande!«, rief sie aus. »Der frische Tau fällt von den Bäumen!«

»Mama, was ist das – Tau?«, fragte ein kleines Fräulein, das neben der Gräfin saß.

»Mein Kind, das ist eine Feuchtigkeit, die sich in der Kühle der Nacht auf Bäumen sammelt. Wenn der Tag kommt und die Sonne die kalte Luft erwärmt, lösen sich diese Tautropfen von den Blättern.«

»Ach Mama, sie schmecken aber bitter. Wie kann das sein?«

»Das kommt von den Eichenblättern«, erklärte die Gräfin, und nun wollten alle von dem gelblichen Tau kosten.

Als die Gesellschaft gerade in das schönste Gespräch vertieft war, flüsterte der Knabe:

»Ich kann die Tür nicht länger halten! Ich muss sie loslassen; meine Arme sind schon ganz abgestorben!«

»Warum haben wir dich bloß mitgenommen?«, zischten die Brüder ängstlich. »Du bist unser Unglück! Ohne dich wären wir längst zu Hause!« Sie konnten dem Kleinen nicht helfen, denn sie mussten ja ihre Schinken festhalten.

Im selben Augenblick ließ der Knabe die Tür los, und sie klatschte mitten auf die Tafel.

»Hilfe!«, schrieen alle und sprangen erschrocken auf. »Hier sind wohl Trolle am Werk! Vermutlich sitzen sie oben im Baum! Schnell, weg von hier!«

So schnell wie noch nie wurden die Pferde angespannt, und sogleich raste die Kutsche davon.

Als die feinen Herrschaften verschwunden waren, sagte der Junge:

»Hier oben bleibe ich nicht sitzen. Ich klettere hinab und esse, denn ich bin hungrig.«

»Bist du verrückt?«, riefen die anderen. »Gleich kommen sie zurück und holen ihr Silber. Dann sitzt du in der Patsche!«

»Das ist mir egal. Ich muss etwas essen.«

Die Brüder blieben im Baum sitzen und wagten kaum zu atmen.

Als die Grafenfamilie ein Stück gefahren war und sich der erste Schreck gelegt hatte, befahl der Graf dem Kutscher anzuhalten. Er überdachte, was ihnen widerfahren war und sagte zum Kutscher:

»Spann eines der Pferde aus, reite zurück und sieh nach, was geschehen ist. Es wäre ein großer Verlust für uns, würde alles Silber zurückbleiben. Kannst du es wiederbeschaffen, wirst du eine großzügige Belohnung erhalten.«

Der Kutscher spannte also ein Pferd aus, ritt zur Eiche zurück und entdeckte, dass jemand unter dem Baum saß.

Als er näher kam, sah er, dass es ein Junge war, der sich mit einem Messer die Zunge zu rasieren schien.

»Was bist du denn für einer?«, fragte der Kutscher.

»Ich bin ein Engel des Herrn, der menschliche Gestalt angenommen hat. Ich soll die Hochmütigen auf dieser Welt strafen. Ich war es, der die Tür vom Himmel auf deine Herrschaften fallen ließ, denn sie sind hochmütig.«

Der Kutscher wunderte sich sehr über die Rede des Knaben. Dieser schien tatsächlich die Wahrheit zu sprechen.

»Warum sitzt du hier und kratzt deine Zunge?«, erkundigte er sich.

»Weil ich klug und weise werden will«, erwiderte der Junge.

»Als Engel des Herrn kannst du auch mich klug und weise machen. Bitte, tu es!«

»Ich verspreche es. Aber vorher muss ich auch deine Zunge rasieren.«

Bereitwillig streckte der Kutscher seine Zunge heraus. Der Junge strich sanft mit dem Messer darüber, packte die Spitze und schnitt plötzlich die halbe Zunge ab. Zu Tode erschrocken warf sich der Kutscher aufs Pferd und ritt davon, so schnell er konnte. Er war nun überzeugt, dass er einem Troll statt einem Engel begegnet war. Als er zum Grafen kam und gefragt wurde, was er erreicht habe, konnte er nicht sprechen, sondern nur einige Laute stammeln.

Der Schrecken übertrug sich auf die feinen Herrschaften:

»Man hat ihn verhext! Da saß sicher ein Troll im Baum! Lassen wir das Silber und machen wir, dass wir davonkommen!«

Und so reisten sie eiligst weiter.

Als sich der Junge satt gegessen hatte, sagte er zu seinen Brüdern:

»Jetzt nehme ich mir das Silbergeschirr und gehe heim.«

Sie wollten ihm davon abraten, aber er hörte nicht auf sie, schlug alles in das Tischtuch ein und marschierte davon.

Die beiden älteren Brüder blieben ratlos auf der Eiche sitzen, bis es dunkel wurde. Dann erst schlichen sie nach Hause.

(Aufgezeichnet von Sven Sederström, Aringsås,
südliches Småland)

Der Lindwurm und der Bauer

Ein Lindwurm war zwischen einige Felsen geraten und in einer Spalte stecken geblieben. Er konnte sich aus eigener Kraft nicht befreien. In der unbequemen Lage hatte er schon mehrere Tage verbracht.

Endlich kam zufällig ein Bauer vorbei. Beim Anblick des Lindwurms griff er nach einem Knüppel und hatte ihn schon zum tödlichen Schlag erhoben, da flehte das Untier mit matter Stimme:

»Lieber Mann, schone mein Leben und hilf mir! Ich werde dir auch einen Dienst erweisen, wenn ich kann!«

Der Bauer hielt inne und wunderte sich, dass der Lindwurm sprechen konnte. Doch dann erwiderte er:

»Nein, einer Schlange soll man nicht das Leben schenken. Schließlich warst du die Ursache für den Fall unserer Urahnen. Du sollst sterben!«

Der Lindwurm flehte weiter darum, verschont und aus seiner misslichen Lage befreit zu werden.

Endlich ließ sich der Mann erweichen, doch er gab zu bedenken:

»Wenn ich dich befreie, wirst du mich vielleicht verletzen oder gar töten.«

»Ach, mein Freund«, sprach die Schlange, »wie kommst du nur auf diesen Gedanken? Warum sollte ich dir Böses tun, wenn du mir so einen guten Dienst, eine solche Wohltat erweist? Lieber Mann, erbarme dich meiner, sonst sterbe ich bald. Ich sitze hier schon viele Tage fest, ohne die geringste Nahrung. Hilf mir, ich bitte dich inständig!«

Lange zögerte der Bauer. Was sollte er tun? Der Lindwurm tat ihm wirklich leid; er meinte aber auch, es wäre genauso gut, ihn zu töten.

»Gut«, sagte er schließlich, »ich werde dir aus der Klemme helfen.«

Er steckte einen dicken Ast zwischen die Felsen und konnte einen der Steine so weit bewegen, dass der Lindwurm loskam. Im Augenblick der Freiheit stürzte sich dieser auf seinen Retter und umschlang ihn mehrmals. Der Mann erschrak und bat weinend darum, der Lindwurm möge ihn loslassen.

»Nein, mein Freund«, sagte die Schlange, »weißt du nicht, dass gute Taten niemals belohnt werden?«

»Ach«, rief der Mann betrübt, »hätte ich das gewusst, wärst du niemals freigekommen. Wie kannst du so hart gegen mich, deinen Retter, sein? Was hätte es mit dir für ein Ende genommen, wäre ich nicht gekommen! Du wärst ganz sicher gestorben. Lieber, verschone mein Leben, vergieß nicht mein Blut! Wenn du hungrig bist, will ich dir meine beste Kuh geben, oder was immer du wünschst!«

»Meinetwegen«, erwiderte der Lindwurm. »Ich lasse dich frei, wenn wir jemanden treffen, der sagt, dass gute Taten belohnt werden. Aber du wirst schnell merken, dass alle meine Meinung teilen.«

Nun musste der Mann dem Untier gehorchen und ihm folgen. Als sie ein Stück gewandert waren, trafen sie einen Jagdhund, der völlig abgemagert war und kaum noch Fleisch auf den Knochen hatte.

»Sag, werden gute Taten belohnt?«, fragte der Lindwurm den Hund. »Antworte mir aufrichtig!«

»Gute Taten werden niemals belohnt, und zum Schluss wird man zum Dank für all die Dienste noch verhöhnt. So ist es auch mir ergangen. In meiner Jugend und so lange ich die armen Hasen jagen konnte, ging es mir ziemlich gut. Man gab mir zu essen, ließ mich überall ins Haus und lobte meinen schnellen Lauf und meine Tüchtigkeit. Jeder wollte mich besitzen. Jetzt, wo ich alt bin und meinem Herrn keinen Nutzen mehr bringe, hat er mich aus dem Haus getrieben, und ich muss mich selbst versorgen, so gut ich kann. Das ist die Belohnung für all die Dienste, die ich geleistet habe, und für all die Hasen und Füchse, die ich für meinen Herrn gefangen habe. Wir sehen also: Gute Taten werden niemals belohnt!«

»Hörst du, was dieser Hund sagt?«, sprach der Lindwurm zum Bauern. »Auch er hat für seine guten Taten nur Undank geerntet. Ich werde dir noch weitere Beispiele geben. Folge mir!«

Betroffen trottete der Bauer neben seinem Feind her. Wenig später trafen sie ein großes, aber klapperdürres Pferd, das an einem steinigen Hang weidete. Der Lindwurm, der es zuerst entdeckte, rief es heran.

»Sag uns, werden gute Taten belohnt?«

»Oh nein«, antwortete das Pferd. »Ich bin das beste Beispiel. Als ich jung war und den Wagen und den Pflug ziehen konnte, fütterte man mich reichlich. Jeden Tag wurde ich sorgfältig gestriegelt und gebürstet. Alle rühmten meine stolze Haltung und mein edles Aussehen. Ich erzielte hohe Preise; viele Herren wollten mich im Stall haben. Einige behandelten mich nicht gut; oft litt ich Durst und Hunger. Ja, kein Tier ist unglücklicher als das Pferd, denn es ist geschaffen, um zu leiden. Jetzt, wo ich alt bin und keine Lasten mehr tragen kann, kümmert man sich nicht mehr um mich. Ich habe das schlechteste Stück Weide und werde auch noch misshandelt. Und zum Schluss lande ich beim Abdecker; das ist der Lohn für all die Dienste! Man gönnt meinem Körper nicht einmal ein Begräbnis, sondern wirft ihn den Bewohnern des Waldes zum Fraß vor! So werden die guten Taten belohnt, wie wir armen Kreaturen dem Menschen beweisen!«

»Hörst du nun, wie gute Taten belohnt werden?«, sprach der Lindwurm zum Bauern. »Du musst zugeben, dass es ganz normal ist, wenn ich dich für den Dienst, den du mir erwiesen hast, töte.«

»Schrecklich, schrecklich«, rief der Mann. »Soll es mir dafür, dass ich dein Leben gerettet habe, wirklich so schlecht ergehen?«

Der Bauer war fast ohnmächtig bei dem Gedanken an seinen bevorstehenden Tod, fasste aber wieder Mut, als ein alter Mann auf sie zukam.

»Schonst du mein Leben, wenn dieser Greis eine andere Meinung vertritt?«, fragte er den Lindwurm.

»Meinetwegen«, antwortete der Lindwurm. »Er soll entscheiden.«

Als der Alte näher kam, erschrak er beim Anblick der riesigen Schlange.

»Wie werden gute Taten belohnt?«, fragte ihn der Lindwurm.

»Es kommt ganz auf die Taten an«, antwortete der Greis.

Nun berichtete der Bauer, was geschehen war und warf dem anderen einen Blick zu, der deutlich machte, dass er in großer Gefahr schwebte.

»Ich kann in dieser Angelegenheit erst entscheiden, wenn ich die Stelle gesehen habe und genau weiß, wie alles zugegangen ist«, erklärte nun der Alte.

»Gut, dann komm mit!«, sagte der Lindwurm. »Ich zeige dir, wie es war.«

Als sie an den Berg kamen, kroch die Schlange zwischen die Felsen und legte sich genauso hin, wie sie gelegen hatte. Im selben Augenblick griff der Bauer zum Ast und wälzte den Stein zurück in seine alte Lage. Der Lindwurm war nun eingeklemmt wie zuvor. Wieder begann er zu jammern und um sein Leben zu betteln.

»Nein«, sagten da die beiden Bauern, »du bleibst jetzt hier sitzen. So werden gute Taten belohnt!«

(Aufgezeichnet von Sven Sederström, Aringsås, südliches Småland)

Vom kleinen Knös

Ein Bauer war einmal im Wald und wollte Feuerholz schlagen. Als er so umherlief und nach einem geeigneten Baum suchte, verirrte er sich und fand den Heimweg nicht mehr. Er wanderte immer weiter, bis er eine wunderschöne Frau traf, die ihm verheißungsvolle Blicke zuwarf. Er lächelte ebenso freundlich zurück, und dann wurden sie von der Macht der Liebe überwältigt.

Einige Jahre später kam eines Tages ein kleiner Junge zu dem Bauern und begrüßte ihn mit den Worten:

»Guten Tag, mein Vater!«

Der Mann musterte den Kleinen und erwiderte:

»Dein Vater? Ich bin nicht dein Vater!«

»Doch, seid Ihr! Erinnert Ihr Euch nicht an das hübsche Frauenzimmer, das Ihr vor sieben Jahren beim Holzschlagen im Wald traft? Das ist meine Mutter; also seid Ihr mein Vater. Die ersten Lebensjahre habe ich bei ihr verbracht, nun seid Ihr an der Reihe.«

»Meinetwegen«, sagte der Bauer. »Aber du musst dir dein Brot verdienen.«

»Oh ja! Mein Vater wird keine Knechte mehr brauchen. Aber ich will gut zu essen haben!«

Zu Mittag wurde ein großer Topf mit Erbsensuppe aufgesetzt, ganz für ihn allein. Aber er aß nicht nur diesen leer, er verschlang einfach alles, was er an Essbarem im Hause fand, ohne jedoch satt zu werden. Schließlich erschlug er sogar eine Kuh und verspeiste sie mit Haut und Haaren.

Der Bauer und seine Frau bekamen es mit der Angst zu tun und beklagten sich bitter über diesen unnatürlichen Appetit. Sie fürchteten, er könnte beim nächsten Mal alle übrigen Haustiere verschlingen. Ihre Sorgen rührten den kleinen Knös, denn das war sein Name. Er beschloss, weiterzuziehen.

»Lieber Vater, seid nicht betrübt wegen der Kuh! Ich werde sie bezahlen, wenn ich zu Geld gekommen bin. Könnt Ihr mir verzeihen?«, bat er. »Ich will Euch auch nicht mehr zur Last fallen.«

»Und wie willst du mir den Verlust ersetzen?«, wollte der Vater wissen.

»Oh, ich werde an den Hof des Königs gehen und dort irgendwie mein Glück machen, denn seit Ihr als Christenmensch mein Vater seid, habe ich die Macht, mich sichtbar zu machen und mit den Menschen umzugehen.«

Also begab sich der kleine Knös an den Königshof und bat, mit dem König sprechen zu dürfen.

»Was willst du, mein Junge?«, fragte der König und betrachtete verwundert den seltsamen Zwerg.

»Ich will mich bei Eurer Majestät verdingen«, erklärte Knös.

»Du willst mir dienen? Was kannst du Knirps denn ausrichten?«

»Das werden Eure Majestät schon sehen«, antwortete Knös.

»Nun gut«, meinte der König. »Welchen Dienst willst du denn übernehmen?«

»Das ist mir ganz egal. Am liebsten verrichte ich schwere Arbeiten, wie die anderen Knechte auch. Ich möchte aber vorab erwähnen, dass ich so viel esse wie fünfzig Mann. Dafür leiste ich auch so viel.«

Der König staunte:

»Du kannst so viel essen und so viel arbeiten wie fünfzig Mann? Wie ist das möglich? Nun gut, ich habe Lust, dich für ein Jahr in den Dienst zu nehmen. Zu welchen Bedingungen willst du dich verdingen?«

»Ich will mich nicht für eine bestimmte Zeit verpflich-
ten, sondern für bestimmte Gelegenheiten. Wenn Eure
Majestät mir etwas übertragen, was niemand sonst erledigen kann, dann stehe ich sofort zur Verfügung. Was den
Lohn betrifft, werden wir uns schon einigen, wenn ich
meinen Dienst quittiere.«

Der König war mit diesen Bedingungen einverstanden.

Von nun an mussten große Mengen an Nahrungsmit-
teln herangeschafft werden, denn der neue Knecht hatte
einen fast unstillbaren Hunger. Dafür arbeitete er nicht,
sondern spazierte tagelang nur umher und rauchte seine
Pfeife. Keiner traute sich, ihn anzusprechen, denn man
fürchtete seinen Jähzorn.

Endlich wagte es der König, ihn darauf hinzuweisen,
dass er von ihm Arbeitsleistungen erwarte.

»Meine Zeit ist noch nicht gekommen«, erwiderte
Knös in bestimmtem Ton.

Der König schwieg und entfernte sich. Er bereute es
bereits, einen solchen Knecht eingestellt zu haben, der sich
nichts befehlen ließ, nicht einmal vom König selbst.

An einem schönen Wintertag sollten alle Knechte in
den Wald fahren, um Holz zu holen.

»Heute habe ich Lust mitzukommen«, erklärte Knös.

Er befahl, man möge ihm einen der größten Wagen
sowie fünfzig Paar Ochsen zur Verfügung stellen. Als der
Wagen heranrollte, höhnte Knös:

»Bin ich ein Kind? Habe ich um ein Spielzeug gebeten?
Schafft mir einen richtigen Wagen her!«

Als man ihm erklärte, dies sei der größte Wagen im
ganzen Reich, erwiderte er:

»Er genügt mir nicht.«

Der kleine Knös holte sich Werkzeug und fing an,
einen Wagen nach seinen Vorstellungen zu bauen. Die
Räder waren so groß wie Mühlräder, für die Achsen ver-

wendete er gerade gewachsene Stämme, und für den Aufbau zersägte und verarbeitete er die dicksten Bäume zu Brettern. Knös bekam fünfzig Ochsenpaare und spannte sie vor seinen Wagen. An der Spitze des Zuges der Gespanne fuhr er in den Wald.

Dort lief er den ganzen Tag auf und ab, ohne sich im Mindesten um die Arbeit zu kümmern. Er rauchte seine Pfeife und die anderen Knechte schlugen Holz. Sie waren neidisch, weil sie so schuften mussten, während der kleine Knös nur herumspazierte. Doch niemand wagte, ihn zur Arbeit zu ermahnen. Endlich hielt es einer der Knechte nicht mehr aus, und er sagte:

»Lieber Knös, warum arbeitest du nicht wie wir, sondern gehst den ganzen Tag müßig auf und ab? Wir haben fast alles erledigt und werden bald nach Hause fahren. Wie willst du deinen Anteil noch schaffen?«

»Kümmere dich nicht um mich. Meine Zeit ist noch nicht gekommen«, erwiderte der kleine Knös.

Kurz darauf, als alle schon abfahrbereit warteten, begann Knös mit der Arbeit. Er packte einen Baum nach dem anderen, brach sie über der Wurzel ab, als wären es Kohlstrünke, und hatte in zehn Minuten den ganzen großen Wagen voll geladen. Seine Kameraden staunten über seine ungewöhnliche Kraft und bekamen es zugleich mit der Angst zu tun.

Schon mehrere Jahre hatten Wölfe unter den Haustieren des Ortes gewütet und vor allem das Vieh des Königs gerissen. Jedes Jahr fielen ihnen zwanzig bis dreißig Kühe und Schafe zum Opfer. Aber damit nicht genug; die ungemütlichen Waldbewohner hatten sich derart vermehrt, dass man Rudel von vierzig bis fünfzig Wölfen beobachten konnte. Der König versuchte seit langem, der Plage Herr zu werden. Doch je mehr man sie verfolgte, umso schneller erhöhte sich der Bestand. Sie wurden so dreist, dass sie sich sogar an die starken Ochsen der Knechte wagten. Es störte sie kaum, dass Menschen in der Nähe waren. Doch dann machten sie einen Fehler – sie näherten sich den Zugtieren, die Knös gehörten.

»Kommt nur her, wenn ihr euch traut!«, rief der kleine Knös. »Ihr werdet euer blaues Wunder erleben!«

Schließlich gelang es einem Wolf, sich in die Brust von einem der Ochsen zu verbeißen. Jetzt wurde Knös wütend und befahl den Raubtieren, sich um ihn zu versammeln. Und die Wölfe kamen, als wären sie ihm hörig, als verfügte er über Zauberkräfte. Über zweihundert dieser Bestien scharten sich um ihn. Knös spannte den verletzten Ochsen aus und schirrte den Wolf mit dem blutigen Maul dafür an. Dann drehte er allen anderen Wölfen den Hals um und warf sie auf den Wagen. Als er nach Hause kam, erschraken alle über seine Fuhre, doch sie freuten sich auch, dass die Gefahr vorüber war.

Wieder schlenderte Knös tagelang umher, ohne einen Finger zu rühren. Es war am Ende der Erntezeit; alles Getreide war eingefahren. Da meldete sich Knös eines Morgens beim König und erinnerte ihn an ihre Abmachung. So kam es, dass die anderen armen Knechte auf der Tenne schufteten, während Knös bloß spazieren ging und Pfeife rauchte.

Der König war höchst unzufrieden mit diesem Knecht und wollte ihn gern loswerden, doch Knös erfüllte seinen Teil der Übereinkunft, indem er alles tat, was der König befahl. Bis zum Frühjahr bummelte er herum, ohne zu arbeiten, aß aber trotzdem täglich für fünfzig Mann.

Eines Tages stand Knös früher als gewöhnlich auf. Er erklärte, nun wolle er seinen Teil des Getreides dreschen und bat um einen Flegel. Man zeigte ihm mehrere, aber er lachte nur. Dann nahm er einen Balken und ein starkes Brett und baute sich einen riesigen Dreschflegel. Er warf das gesamte Getreide auf einmal auf den Boden und bearbeitete es so geschickt und kraftvoll, dass die Halme nur so durch die Luft flogen. In wenigen Minuten war die ganze Arbeit erledigt.

Nun musste das Getreide noch geschieden werden. Dazu kletterte der kleine Knös aufs Dach und nieste so kräftig, dass sich Halme, Spreu und Körner wie von selbst trennten. In wenigen Augenblicken war er fertig, und die Zuschauer kamen aus dem Staunen nicht heraus.

Wieder übte sich Knös lange Zeit im Müßiggang. Der König versuchte alles Mögliche, ihn loszuwerden. Er ließ eine Tonne Salz ins Meer werfen und befahl Knös, sie wieder herauszuholen, was dieser auch schaffte. Einmal schüttete der König ein Fass Weizen in einen tiefen Brunnen, aber auch hier brachte Knös jedes Korn wieder ans Tageslicht. Der König war geradezu erschrocken über diesen Diener.

Eines Tages kam die Nachricht, der Nachbar habe dem König den Krieg erklärt und wolle sich das ganze Land einverleiben. Jetzt war der König froh, seinen Knös zu haben, diesen braven Untertanen. Er fragte ihn, ob er ihn in dieser wichtigen Sache unterstützen wolle. Knös versprach es, und bald setzte sich ein ansehnliches Heer in Bewegung, angeführt vom König und dem tapferen Knös.

Natürlich benötigte man viele Transportwagen allein für Knös´ Verpflegung.

Als die Kriegsheere versammelt waren, wurden sie schnell in Schlachtordnung aufgestellt. Doch Knös hatte Hunger und wollte sich vor dem großen Gemetzel erst einmal satt essen. Er setzte sich vor ein großes Butterfass und begann zu speisen. Der Feind wurde schnell ungeduldig und begann, mit vereinzelten Schüssen zu provozieren.

Als die Kugeln Knös um die Ohren flogen, knurrte er wütend:

»Das kann ich gar nicht leiden, mich mit blauen Bohnen beim Essen zu stören!«

Als er sich gerade eine große Scheibe Brot geschmiert hatte und mit Appetit hineinbiss, sauste eine Kanonenkugel heran und zerstörte das Butterfass. Jetzt wurde Knös richtig zornig! Er sprang auf und schrie:

»Das werdet ihr bereuen, dass ihr mich nicht satt essen lasst!«

Er packte einen großen Baum, der zufällig in seiner Nähe lag, und man kann sich vorstellen, was er in den Reihen des Feindes anrichtete. Bald hatte der unüberwindliche und tapfere Goliath das ganze gegnerische Heer niedergestreckt, und es kam zum Friedensschluss zwischen den beiden Königen. Knös' Herr kehrte mit seiner Armee froh in die Hauptstadt zurück, und alles war wieder ruhig und friedlich.

Mehrmals versuchte der König nun, seinen berühmten Knecht loszuwerden, doch vergebens, denn der kleine Knös erfüllte alle Aufgaben, die ihm gestellt wurden. Einmal spazierte der König durch seinen Garten, und Knös durfte ihn begleiten. Während sie so gingen, ließ der König einen Furz fahren. Im selben Moment befahl er:

»Fang ihn ein!«

Wie ein Blitz sauste Knös davon und kehrte mit einem Eichenzweig zurück.

»Ich bedauere, Euer Majestät«, sagte er. »Die eine Hälfte habe ich erwischt; sie ist hier auf diesem Blatt hängen geblieben. Die andere aber ist mir entwischt, deshalb muss ich Euch jetzt verlassen.«

Der König, glücklich, ihn auf diese Art loszuwerden, erwiderte:

»Was willst du zum Lohn für deine Dienste?«

»Ich verlange einen Scheffel Geld.«

»Den sollst du haben, mein Junge«, antwortete der König.

Als der kleine Knös das Geld erhalten hatte, begab er sich zu seinem Vater.

Beim Eintreten in die Stube sagte er:

»Schaut her, mein lieber Vater, jetzt will ich die Kuh bezahlen, die ich aufaß, als ich zu Euch kam.«

Froh nahm der Bauer den Geldsack entgegen, der ihn zu einem reichen Mann machte.

Was danach aus dem kleinen Knös wurde, darüber schweigt die Geschichte.

(Aufgezeichnet von Sven Sederström, Aringsåa,
südliches Småland)

Ehrlich währt am längsten und mehrt sich, Unrecht schmilzt wie Schnee bei Tauwetter

Es waren einmal zwei Eheleute, die rackerten und handelten und sparten und konnten an Geld und Gütern nie genug bekommen. Aber wie sie zu ihrem Reichtum kamen, ob mit rechten oder unrechten Mitteln, danach fragten sie nicht. Zum Schluss kam doch der Tod, und sie mussten alles zurücklassen. Ihre beiden Söhne zählten das Geld nicht, sondern maßen es mit einem Scheffel und teilten es auf.

Der ältere Sohn dachte: Jetzt bin ich reich. Ich könnte noch reicher werden, vielleicht der reichste Mann im ganzen Land.

Er kaufte sich ein Schiff, um es mit allerlei kostbaren Waren zu beladen und damit in der Welt Handel zu treiben.

Der jüngere Sohn dachte: Vater und Mutter waren nicht besonders gewissenhaft. Zweifellos sind unter diesen Reichstalern viele, wenn nicht sogar alle, mit unrechten Mitteln erworben worden. Diesen Teil des Vermögens will ich gar nicht haben, denn der Pastor hat mir gesagt, dass unrecht Gut nur Unglück und Verdammnis mit sich bringt.

Mit diesem Gedanken brachte er das ganze Geld zum Seeufer, warf es ins Wasser und rief:

»Gott, ich wünsche, dass das zu Recht erworbene Gut oben schwimmen möge; der Rest soll im Wasser versinken!«

Und was geschah? Von den vielen tausend Reichstalern blieb nur ein einziger übrig. Den nahm er sich, eilte zu seinem Bruder und sagte:

»Ich höre, dass du in die Welt hinausfahren willst, um zu handeln und zu gewinnen. Nimm bitte auch diesen Reichstaler an dich, den einzigen, der mir von dem reichen Erbe geblieben ist. Das übrige Geld liegt auf dem Grund des Sees. Ich bitte dich, versuche, ob mir mein letzter Reichstaler einen Gewinn geben kann!«

Der ältere Bruder lachte im Stillen herzlich über die Dummheit des jüngeren. Um ihm den Gefallen zu tun, nahm er den Reichstaler und kaufte dafür eine Katze.

Weithin fuhr er über das Weltmeer. Er handelte und gewann gewaltige Summen, so dass sein Schiff mit Gold und Silber geradezu überladen war.

Doch als er nach Hause segelte, geriet er in einen heftigen, mehrere Tage dauernden Sturm. Schließlich trieb das steuerlose Schiff auf eine unbekannte Insel zu, die vor einer großen Stadt lag. Dort ließ der ältere Bruder den Anker werfen und ging an Land, froh, sein Leben und die Reichtümer gerettet zu haben.

Die Einwohner des Landes empfingen ihn und seine Mannschaft mit großer Gastfreundschaft. Eines Tages wurde er sogar vom König zum Essen eingeladen. Er fand sich bei Hofe ein und wurde in einen prächtigen Saal geführt. Beim Anblick der Tafel wunderte er sich, dass alle Speisen mit Hauben abgedeckt waren und neben jedem Teller eine Rute lag. Er erkundigte sich bei einem der Gäste danach, und dieser erklärte:

»Wir leiden an einer schrecklichen Landplage. Hier gibt es Ratten und Mäuse in unvorstellbarer Menge. Wenn die Hauben abgenommen werden und sich der Essensduft verbreitet, kommen sie aus allen Ecken und Winkeln hervor und springen sogar auf die Tafel. Deshalb brauchen wir die Ruten, um sie zu vertreiben.«

»Das ist ja schlimm! Habt Ihr denn keine Katzen?«

»Katzen? Was ist das?«

»Das sind Tiere, die Ratten und Mäuse fangen und fressen. Wenn eine Katze im Raum ist, wagen sich die Nager nicht heraus.«

»Was würde ich alles dafür geben, so ein Tier zu besitzen!«, seufzte der König.

»Ich habe auf dem Schiff eine, die während der Reise sechs Junge geworfen hat. Befehlen Euer Majestät, dass ich sie holen lasse?«

»Ja, um Gottes Willen, tu das!«

Die Katze und ihr Wurf wurden geholt und im Saal ausgesetzt. Im selben Augenblick waren die Ratten verschwunden, und man konnte essen, ohne die Rute zu benutzen. Alle waren beeindruckt und sprachen über das kostbare Tier. Man aß und trank und hatte viel Spaß.

Nach einer Stunde warf der Kaufmann zufällig einen Blick aus dem Fenster auf den Hafen – und sah, dass sein Schiff lichterloh brannte! Verzweifelt sprang er auf, zerriss seine Kleider und warf sich zu Boden.

»Mein Schiff, mein Schiff! All mein Eigentum, mein Gold und Silber, alles ein Raub der Flammen und Wogen! Ach, ich Unglücklicher!«, jammerte er.

Der König stand daneben und beobachtete ihn. Schließlich rief er:

»Beruhige dich, mein Freund! Wenn du mir die Katze und ihre Jungen überlässt, gebe ich dir ein neues Schiff mit genauso viel Gold und Silber, wie du verloren hast.«

Froh sprang der Kaufmann auf und reichte dem König zum Zeichen des Einverständnisses die Hand.

Nach einigen Monaten lag das neue Schiff abfahrtbereit im Hafen, voll gepackt mit Gold, Silber und anderen kostbaren Waren. Der Kaufmann verabschiedete sich herzlich, ließ den Anker lichten und begab sich auf die lange Reise. Bald merkte er, dass sie überraschend gut vorankamen; es war, als steuerten die Engel des Herrn das

Schiff, seit nur noch redlich erworbene Güter an Bord waren.

Bald erreichten sie die Vaterstadt. Der Kaufmann ging an Land, und der erste Mensch, den er traf, war sein Bruder.

»Willkommen zu Hause!«, rief dieser und küsste ihn freudig. »Nun, wie ist deine Reise gelaufen? Hast du viel gehandelt und viel gewonnen?«

»Der Gewinn war gering.«

»Und mein Reichstaler, hat er etwas eingebracht?«

»Ja, er hat. Komm und sieh!«

Sie liefen gemeinsam zum Hafen und ruderten zum Schiff hinüber. Dort zeigte der ältere Bruder dem jüngeren das Fahrzeug und die Ladung, und als sie wieder an Deck waren, sagte er:

»Das gehört alles dir, Bruder! So viel hat dein blanker Reichstaler eingebracht.«

»Das ist doch nicht möglich!«

»Doch.«

Und er erzählte die ganze Geschichte.

Als er fertig war, fiel ihm der Jüngere um den Hals, küsste ihn und weinte.

»Siehst du, Bruder, Gott segnet das ehrlich Erworbene; unrecht Gut aber straft er mit Verdammnis und Unglück. Ich schenke dir die Hälfte von all dem. Sicher hast du aus dem Geschehenen gelernt und verabscheust wie ich alles Unrechte.«

»So ist es. Meine Hand darauf.«

Und so lebten sie glücklich und zufrieden noch viele, viele Jahre und schärften ihren Kindern und Kindeskindern ein, dass ehrlicher Erwerb von Gott gesegnet wird, während alles auf Unrecht Basierende schmilzt wie Schnee bei Tauwetter.

*(südwestliches Småland, aufgezeichnet von
Carl Fredrik Cavallius)*

Die Rübe

Zu der Zeit, als Sankt Petrus und Unser Herr auf Erden wanderten, lebten auf einem Hof zwei Erbpächter, der eine sehr reich, der andere bettelarm. Die beiden hatten gemeinsam ein Stück Wald gerodet und beschlossen, dass jeder auf seiner Hälfte des Feldes Rüben anbauen werde. Am Mittsommerabend gingen sie hinaus, um zu säen; erst der Reiche und wenig später der Arme.

Unterwegs traf der Reiche Sankt Petrus und Unseren Herrn.

»Guten Tag, mein Freund! Wohin des Wegs?«, erkundigte sich Unser Herr.

»Danke! Ich gehe zum Feld, um eine Rübe zu säen«, antwortete der Reiche.

»So soll es sein!«, sprach Unser Herr.

Wenig später trafen sie den Armen.

»Guten Tag! Wohin des Wegs?«, fragte Unser Herr.

»Danke! Ich gehe zum Feld, um Rüben zu säen«, antwortete der Arme.

»So soll es sein!«, sprach Unser Herr.

Zu Michaelis gingen die beiden Pächter aufs Feld, um ihre Rüben zu ernten. Und sie staunten: Auf der Seite des Reichen war eine einzige Rübe gewachsen, die allerdings so groß, wie man noch nie eine gesehen hatte! Auf dem Feld des Armen dagegen standen reihenweise ganz normale Rübchen. Der Reiche, der es gewohnt war, den Armen zu unterdrücken, zwang jenen, den Acker mit ihm zu tauschen, so dass er die vielen Rüben und der Arme nur die eine große bekam. Jener musste sich darein fügen, so schwer es ihm auch fiel.

In der darauf folgenden Nacht lag der Arme wach und schnaufte.

»Warum gibst du keine Ruhe?«, wollte seine Frau wissen.

»Weil ich wütend bin! Unser Herr schenkte mir viele Rüben für meinen Acker, aber die hat mein reicher Nachbar genommen. Ich muss mich mit der einen großen begnügen, die auf seinem Stück gewachsen ist. Wie ernähren wir nun unsere vielen Kinder?«

»Beruhige dich! Unser Herr wird uns helfen ... Warum fährst du nicht zum König und schenkst ihm die Rübe? So eine große hat er sicher noch nie gesehen; vielleicht bezahlt er dich gut.«

»Ja, das werde ich versuchen«, murmelte der Mann und schlief ein.

Am Morgen spannte er seine alte Mähre vor den Karren und fuhr in die Stadt. Der König empfing ihn sehr freundlich und dankte ihm für das ungewöhnliche Geschenk. Als Gegengabe ließ er ihm einen ganzen Sack voll Geld überreichen.

Der Arme fuhr glücklich nach Hause und lieh sich von seinem Nachbarn einen Scheffel, um seinen Reichtum zu messen. Er merkte nicht, dass ein paar Münzen kleben blieben. Als er den Scheffel zurückgebracht hatte, wunderte sich der Reiche, woher der Arme plötzlich so viel Geld hatte. Er stellte ihn zur Rede und erfuhr so die ganze Geschichte. Sofort begann der Neid an ihm zu nagen.

Wenn der König so viel für eine Rübe bezahlt, wie viel mag er dann für meine prächtigen Fohlen geben, die auf der Wiese herumtollen, dachte er. Ich werde sie ihm schenken.

Am Morgen befahl er seinem Knecht, zweispännig anzuschirren und ihn in die Stadt zu kutschieren. Er selbst führte die herrlichen Fohlen.

Als sie bei Hofe waren, schenkte der Mann dem König die schönen Tiere.

Der König dankte ihm sehr und überlegte: Wie kann ich ihn belohnen? Dann flüsterte er einem der Höflinge etwas ins Ohr, und nach einer Weile traten zwei Diener ein, die etwas Großes, Schweres trugen, das in scharlachrotes Tuch gewickelt war.

»Mein Freund, ich will dir etwas schenken, was mich viele tausend Reichstaler gekostet hat«, sagte der König. »Aber du darfst das Paket erst öffnen, wenn du zu Hause bist, denn wenn ein Spitzbube den Inhalt sieht, könntest du unterwegs ausgeraubt werden.«

Der Mann bedankte sich untertänigst, rief seinen Knecht, und gemeinsam schleppten sie das Geschenk zum Wagen. Glücklich fuhr der Reiche heim, überzeugt, einen großen Schatz mit sich zu führen. Aber wie erschrak er, als er das Tuch wegnahm – und nur die riesengroße Rübe erblickte!

(südwestliches Småland, aufgezeichnet von
Carl Fredrik Cavallius)

Der Löwe

Ein König hatte zweimal geheiratet. Seine ältere Tochter war wunderschön, die jüngere weniger, doch sie hatte ein gutes Herz. In die ältere verliebte sich ein junger, hübscher Prinz. Er hielt um ihre Hand an und durfte als Freier bei Hofe weilen.

Die zweite Frau des Königs gönnte ihrer Stieftochter dieses Glück nicht und überlegte, wie sie ihre Tochter mit dem hübschen Prinzen verheiraten könnte. Sie war mit einem alten Trollweib bekannt, das in der Nachbarschaft wohnte. Mit diesem beriet sie sich, und sie kamen überein, durch einen Trollzauber die schöne Prinzessin in die hässliche und umgekehrt zu verwandeln. Eine Gelegenheit bot sich, als der König und sein zukünftiger Schwiegersohn in den Krieg ziehen mussten. Der Prinz verabschiedete sich herzlich von seiner Liebsten, und sie ritten los.

Eines Morgens weckte die Königin die Prinzessinnen sehr früh und befahl ihnen, zu dem Trollweib in den Wald zu gehen. Sie gab ihnen nichts zu frühstücken, denn nüchtern mussten sie sein, sollte der Zauber wirken. Unterwegs sagte die Schöne zu der Hässlichen:

»Weißt du, Schwester, ich bin so hungrig, dass mein Darm brennt. Ich glaube nicht, dass ich es bis zu der Alten im Wald aushalte.«

»Schau, liebe Schwester, ich habe ein wenig Konfekt in meiner Rocktasche! Kau das; es sollte helfen.«

Die Schöne bedankte sich und aß. Bald erreichten sie die Hütte des Trollweibs, traten ein und sahen, dass ein großer Kessel überm Feuer hing.

»Willkommen, meine Prinzessinnen!«, sagte die Alte.

»Nehmt bitte einen Augenblick Platz. Ich muss noch etwas für euch zubereiten.«

Wenig später bat sie die schöne Prinzessin:

»Schau doch bitte nach, ob die Suppe schon kocht!«

Das Mädchen lief zum Herd und schaute in den Kessel. Doch statt hässlich wurde es noch schöner, denn es war ja nicht mit nüchternem Magen gekommen.

Am nächsten Morgen sollten die Prinzessinnen wieder zu der Alten gehen, und diesmal traf die Königin alle Maßnahmen, damit die Mädchen mit nüchternem Magen zu dem Trollweib kämen. Doch unterwegs blies der Wind ein Blatt auf die Lippen der Schönen, an dem sie saugte. So versagte die Hexenkunst auch an diesem Tag.

Doch am dritten Morgen kam die schöne Prinzessin zu dem Trollweib, ohne einen Bissen gegessen zu haben. Sie schaute in den Kessel und verwandelte sich auf der Stelle in ein furchtbar hässliches Weib. Ihre Schwester aber erblühte zu einer wunderschönen jungen Frau, so dass beide völlig verändert nach Hause zurückkehrten.

Wie sehr sich die böse Stiefmutter freute, kann man gar nicht beschreiben. Um noch sicherer zu gehen, überlegte sie, wie sie die Stieftochter vor der Rückkehr des Prinzen aus dem Haus schaffen könnte. Zu diesem Zweck begann sie, das Mädchen bei jeder Gelegenheit zu schelten. Immer wieder warf sie ihm vor, hässlich zu sein.

»Schau dich doch an! Du bist mir eine rechte Braut für den hübschen Prinzen! Er wird dich nicht heiraten, sondern dir ins Gesicht spucken, so schlecht und unansehnlich, wie du bist!«

Die Prinzessin weinte und fand das Leben unerträglich. Die vorher so hässliche Schwester versuchte, sie zu trösten, doch vergebens. Endlich beschloss die Braut, zu fliehen und weit weg vom Vaterhaus den Tod zu suchen. In einer finsteren Nacht machte sie sich auf den Weg.

Die böse Stiefmutter beeilte sich, den König und den Prinzen davon zu unterrichten, dass ihre Stieftochter vor Gram über ihre plötzliche Hässlichkeit das Weite gesucht habe und nicht wiedergefunden werden könne.

Inzwischen wanderte die Unglückliche durch einen großen Wald und überlegte, auf welchem Weg sie diese schlechte Welt verlassen könnte. Sie wollte nicht selbst Hand an sich legen, denn sie wusste, dass dies eine große Sünde war.

Als sie so lief, begegnete sie einem riesigen Löwen.

Gott sei Dank, dachte sie. Das ist mein Erlöser!

Doch der Löwe rührte sie nicht an, sondern spazierte friedlich vor ihr her. Sie folgte ihm bis in seine Höhle. Dort lagerten viele andere Löwen, aber keiner machte Anstalten, ihr etwas Böses zu tun. Im Gegenteil, alle begegneten ihr außerordentlich freundlich.

Sie blieb in der Höhle, gewöhnte sich allmählich an den Anblick der Löwen und fühlte sich wohl unter ihnen. Zu Essen bekam sie im Überfluss. Jeden Tag lief der Anführer des Rudels mit einem Gefäß zum Schloss und gab durch Zeichen zu erkennen, dass er Speisen von der königlichen Tafel wünsche. Man wagte nicht, ihm diese Forderung abzulehnen.

Eines Tages befahl die Königin, man möge den Löwen mit Gewalt einfangen. Doch das stolze Tier konnte seinen Häschern entkommen. Schwer verletzt schleppte es sich in die Höhle zurück. Dort wurde es von der Prinzessin gesund gepflegt, die auf diese Weise ihre herzliche Dankbarkeit zeigen konnte.

Als der Krieg zu Ende war, kehrten der König und der Prinz zurück. Doch der Plan der Königin, ihre leibliche Tochter mit dem jungen Mann zu vermählen, misslang. Der Prinz trauerte um seine verschwundene Braut und wollte deren Schwester nicht einmal ansehen, so schön sie auch war.

Eines Tages kam der Löwe wieder zum Schloss und ließ erkennen, dass er eine Kutsche mit vorgespannten Pferden wünsche. Man fragte sich, was das zu bedeuten habe, ließ aber anspannen. Der Löwe sprang auf den Kutschbock und fuhr davon.

Die Pferde waren anfangs sehr unruhig, gewöhnten sich aber bald an den ungewöhnlichen Kutscher, der die Zügel fest in den Tatzen hielt. An der Höhle angekommen, ließ er die Prinzessin, die mit der Zeit ihre frühere Schönheit zurückgewonnen hatte, einsteigen und lenkte die Kutsche zum Schloss. Als er die Wagentür öffnete, erkannte die Prinzessin das Schloss ihres Vaters und begann, vor Freude zu weinen. Sie umarmte den Löwen und küsste ihn mit aller Herzlichkeit. Doch was geschah? Der Löwe verwandelte sich in diesem Augenblick in den schönsten jungen Prinzen, den man sich vorstellen kann! Auf Knien dankte er der Prinzessin für seine Erlösung.

Denn so hatte der Zauberspruch gelautet: »Du und deine Diener, ihr sollt zu Löwen werden, und dein Schloss zu einer Höhle, bis dich eine reine Jungfrau in Dankbarkeit umarmt und küsst.«

Beim Anblick des Wagens mit dem ungewöhnlichen Kutscher waren oben im Schloss alle an die Fenster geeilt. Wie glücklich die Prinzessin und der Prinz waren, als sie ihre Schwester und er seine Braut erkannte, kann gar nicht beschrieben werden. Die Umarmungen und Küsse wollten schier kein Ende nehmen.

Der zum Menschen gewordene Löwe schaute hinauf und weinte vor Freude und Anteilnahme. Er verliebte sich in die Schwester, nicht wegen ihrer Schönheit, denn die war und blieb höchst mittelmäßig, sondern wegen ihres edlen, mitfühlenden Herzens. Bald stand fest, dass es eine Doppelhochzeit geben würde.

Am Tag des großen Festes wurde die böse Stiefmutter von ihrem Gemahl verstoßen. Das Trollweib aber, das auch den Prinzen in einen Löwen verwandelt hatte, wurde auf dem großen Platz bei lebendigem Leibe verbrannt.

So wurde endlich alles gut.

(südwestliches Småland, aufgezeichnet von Carl Fredrik Cavallius)

Der wunderbare Hecht

Es war einmal ein Fischer, der wohnte am Ufer des Sees. Er war sehr arm und wurde mit jedem Tag ärmer, denn das Fischen lohnte sich nicht mehr. Seine Frau war damit gar nicht zufrieden und schalt ihn oft wegen seines mangelnden Glücks, denn so ist es ja oft: Kommt die Not, geht die Liebe. Doch davon fing der Mann auch nicht mehr Fische, und sein Leben erschien ihm oft beschwerlich und jammervoll.

Eines Tages fuhr der Fischer in seinem Boot hinaus, um nach seinen Angeln zu sehen, doch wie gewöhnlich waren alle Haken leer geblieben. Er war deshalb sehr niedergeschlagen und wusste nicht recht, ob er es wagen sollte, unverrichteter Dinge zu seiner Frau zurückzukehren. Als er noch nachdachte, zog eine Angel plötzlich an, so stark, dass es sich um einen großen Fisch handeln musste. Der Mann freute sich und holte schnell den Haken ein, an dem sich ein großer Hecht verbissen hatte. Er hob bereits sein Messer, um den Fisch zu töten, da begann dieser zu sprechen und bat:

»Verschone mein Leben, dann gebe ich dir ein ganzes Boot voller Fische!«

Als der Mann das vernahm, wunderte er sich, denn er hatte noch nie einen Fisch sprechen gehört. Er löste den Haken und ließ den Hecht frei, der wie wild umher schwamm und so einen Aufruhr im Wasser veranstaltete, dass tausende Fische, große wie kleine, vor Angst in das Boot sprangen. Danach war es wieder still, und der Mann ruderte, so schnell er konnte, zum Ufer. Doch er kam nicht schnell genug voran; als er es erreichte, waren alle Fische wieder in den See gehüpft. Der Mann ging nach Hause und erzählte, was er erlebt hatte. Seine Frau wurde wütend und beschimpfte ihn wegen seiner Gutherzigkeit.

Einige Tage später ruderte der Mann erneut zum Fischen hinaus, und es geschah dasselbe: Der Hecht biss an, wurde aus dem Wasser gezogen und bat um sein Leben. Wieder erhielt der Mann ein Boot voller Fische, die ihm aber entsprangen, bevor er das Ufer erreichte. Niedergeschlagen kehrte er zu seiner Frau zurück und musste bittere Vorwürfe über sich ergehen lassen.

Nun nahm sich der Mann vor, den Hecht um nichts in der Welt mehr frei zu lassen, sollte ihm dieser wieder an den Haken geraten. Er ruderte wieder auf den See hinaus, und bald saß der große Fisch am Haken. Da freute sich der Fischer und sprach:

»Ich habe dein Leben zwei Mal geschont, aber heute sollst du nicht entkommen, denn ich will mir nicht deinetwegen von meiner Frau Vorwürfe machen lassen.«

Der Hecht erwiderte:

»Ich verlange auch nicht, dass du mich freilässt, aber wenn du meinem Rat folgst, wird es dir Glück bringen. Du sollst meinen Körper in acht Stücke teilen. Zwei gibst du deiner Frau, zwei vergräbst du vor deiner Hütte, zwei legst du ins Feuer und die restlichen zwei wirfst du in den See zurück. Prüfe nun erst deine Haken, und du wirst sehen, dass es an Fischen nicht mangelt.«

Der Mann versprach, alles so zu tun, wie es der Hecht geraten hatte. Er schaute zuerst nach seinen Angeln und brachte einen reichen Fang ein, so dass das ganze Boot voll war. Diesmal sprangen die Fische auch nicht ins Wasser zurück, so dass der Mann zu Hause keine Vorwürfe ertragen musste.

Der Fischer zerschnitt nun den Körper in acht Teile und verteilte diese, wie er es dem Hecht versprochen hatte.

Doch da geschah etwas Seltsames: Aus den vor der Hütte vergrabenen Stücken heraus wuchsen zwei stattliche Pferde, die ins Feuer gelegten Teile wurden zu schimmernden Schwertern und die Stücke, die der Fischer ins Wasser geworfen hatte, verwandelten sich in zwei mutige Hunde. Am wunderbarsten aber war, dass die Frau von den beiden Stücken, die sie verzehrt hatte, schwanger wurde und nach neun Monaten zwei Knaben gebar.

Die Zeit verging; der Fischer hatte in allen seinen Unternehmungen Glück, und die Zwillinge wuchsen zu stattlichen jungen Männern heran. Eines Tages ging der Erstgeborene zu seinem Vater und bat darum, in die Welt hinaus ziehen zu dürfen, um sein Glück zu versuchen. Der Fischer willigte ein und teilte seine Habe zwischen den Brüdern auf, so dass jeder der beiden ein Schwert, ein Pferd und einen Hund bekam. Daraufhin verabschiedete sich der Ältere vom Vater. Der Jüngere begleitete ihn noch zum Weg. Als sie sich trennen mussten, fragte er:

»Bruder, wie erfahre ich, ob es dir gut geht da draußen in der Welt?«

Der Erstgeborene antwortete darauf:

»Ich gebe dir mein Messer und eine Butte Milch. Die Butte vergräbst du vor der Hütte. Solange die Milch weiß ist, lebe ich, doch wenn sie sich rot färbt, bin ich in großer Gefahr.«

Dann ritt er los und bereiste mehrere Königreiche, während der jüngere Bruder zu Hause beim Vater blieb.

Eines Tages kam der junge Mann in eine Stadt, in der große Sorge herrschte. Ein Seeungeheuer mit fünfzig Köpfen lag vor den Toren und verspeiste jeden Tag eine Jungfrau. Diesmal war das Los auf die jüngste Tochter des Königs gefallen. Sie wurde von drei Höflingen begleitet, die gelobt hatten, ihr Leben zu retten. Doch beim Anblick der Bestie verließ sie der Mut, und sie flohen, während der

Fischerssohn den Kampf aufnahm. Der Drache spie Feuer aus allen fünfzig Mäulern, doch das Pferd des jungen Mannes galoppierte wendig hin und her, so dass das Wasser hoch aufspritzte. Der Hund verbiss sich in den Hals des Ungeheuers, und der Fischerssohn hieb mit dem Schwert tiefe Wunden in den Körper, bis der Drache verblutete. Danach schnitt er dem Untier alle fünfzig Zungen heraus und ritt davon.

Als der Kampf vorüber war, krochen die Höflinge aus ihrem Versteck und zwangen die Königstochter, einen Eid abzulegen, dass sie ihre Retter gewesen seien. Darauf losten sie, wer von ihnen die schöne Prinzessin bekommen sollte. Das Los fiel auf den Ältesten, doch seine Rivalen forderten ihn zum Kampf und töteten ihn. Dann fielen sie übereinander her, bis der Sieger feststand. Bald darauf wurde mit vielen Gästen eine prachtvolle Hochzeit gehalten.

Mitten in die Feier platzte der Fischerssohn, sauber gekleidet, mit seinem guten Schwert an der Seite. Er wandte sich an den Bräutigam und fragte, wie der Drache ausgesehen habe. Der Höfling antwortete:

»Wie andere Tiere auch.«

Da deckte der junge Mann den Schwindel auf, indem er die fünfzig Drachenzungen hervorholte und bewies, dass er und kein anderer die Prinzessin gerettet hatte. Die Königstochter bestätigte seine Worte, worauf der Höfling bestraft und der Fischerssohn zum Bräutigam erklärt wurde.

Dem Königshof gegenüber, auf der anderen Seite des Sees, stand eine alte, verfallene Burg, in der Trolle ihr Unwesen trieben. Der junge König hatte große Lust, diesen Ort zu besuchen; seine Gemahlin konnte ihn nicht davon abbringen. Also machte er sich auf den Weg. Als er das Burgtor erreichte, trat ihm ein uralter Mann mit langem Bart und würdigem Aussehen entgegen. Der Alte fragte, wer er sei und was er begehre. Der König antwortete, er sei ein Fremder, der die verzauberte Burg besuchen wolle. Da wurde der Alte ganz bekümmert und sagte:

»Ich habe schon viele Jünglinge hineingehen sehen, doch keiner kam je wieder heraus.«

Er gab dem König viele gute Ratschläge und warnte ihn, sich nicht täuschen zu lassen. Der junge Mann versprach, acht zu geben, und so trennten sie sich.

Der junge König begab sich in die Burg, wanderte durch viele leere Räume und kam schließlich in einen Saal, in dem ein reich gedeckter Tisch stand. Er setzte sich und aß, denn er war lange unterwegs gewesen. Plötzlich vernahm er eine Stimme, die unentwegt klagte:

»Ach, ich bin so hungrig, so hungrig!«

Der Hund begann zu bellen, die Tür öffnete sich, und herein trat eine hässliche alte Frau. Dem König tat die Alte leid, und er bat sie zu Tisch, doch die Hexe sagte, sie wage wegen des Hundes nicht, näher zu treten.

Als der König sie erneut heranwinkte, zupfte sie sich ein Haar aus und bat ihn, es über den Hals des Hundes zu legen; so könne sie sehen, ob das Tier seinem Herrn gehorchte. Der junge Mann tat, wie sie geheißen, doch das Haar verwandelte sich in eine starke Kette, die den Hund an den Boden fesselte. Nun ging die Alte unbehelligt zum Tisch, aß von den Speisen und verwandelte den jungen König durch einen Trollspruch in einen Stein.

Als der Fischerssohn, der zu Hause bei seinem Vater geblieben war, wieder einmal das Messer seines Bruders hervorzog, brannte es wie Feuer. Er eilte zu der Milchbutte und sah, dass sich die Milch in Blut verwandelt hatte. Da begriff er, dass sein Bruder in großer Gefahr schwebte. Er sattelte sein Pferd, gürtete sein Schwert, rief seinen Hund und ritt los, um seinem Zwillingsbruder beizustehen.

An einem Abend erreichte er die Stadt und wurde von allen für den König gehalten. In der Nacht schlief er bei der schönen Königin, doch zuvor legte er ein blankes Schwert in die Mitte des Bettes. Er erfuhr, dass sein Bruder zu dem alten Turm auf der anderen Seite des Sees geritten war und machte sich am frühen Morgen gleichfalls dorthin auf den Weg.

Als er die Burg erreichte, kam der Alte mit dem langen Bart auf ihn zu und erkundigte sich, wer er sei und was er wolle. Der junge Mann erklärte, er sei ein Fremder und gekommen, um seinen Zwillingsbruder zu retten. Da seufzte der Alte und sagte:

»Ich habe so viele Jünglinge hineingehen sehen, aber keiner kam wieder heraus.«

Er gab dem jungen Mann viele gute Ratschläge und warnte ihn, sich nicht täuschen zu lassen. Daraufhin trennten sie sich.

Der junge Mann betrat die Burg, kam in den Saal, in dem der reich gedeckte Tisch stand und traf dort die hässliche Alte. Doch als sie ihn bat, ein Haar auf den Hals des Hundes zu legen, hörte er nicht auf sie, sondern zückte das Schwert und hieb ihr den Kopf ab.

Dann ging er zu der großen Eisentür, durch die man in den Turm gelangen konnte. In dem Raum dahinter lag ein ganzer Haufen pechschwarzer Steine, während weiter hinten eine Quelle mit dem klarsten Wasser sprudelte. Er schöpfte Wasser aus der Quelle und goss es über die Steine. Da begannen sie zu leben, einer nach dem anderen, und wurden zu Königssöhnen, Rittern, Jungfrauen und anderen edlen Männern und Frauen. Doch unter ihnen war eine Prinzessin, die schöner war als alle anderen.

Als der junge Mann den letzten Stein benetzt hatte, stand endlich auch sein Bruder vor ihm, und die Freude über das Wiedersehen war groß. Im selben Augenblick öffnete sich die Tür, und der alte Mann trat ein, wie ein König gekleidet in Mantel und Krone, und mit ihm kamen seine Tochter und der ganze Hofstaat. Alle dankten dem tapferen Jüngling, dass er den Zauber aufgehoben hatte, der so lange auf ihnen gelegen hatte. Der König ließ ein prächtiges Fest ausrichten und vermählte seine Tochter mit dem jungen Mann. Da herrschten Lust und Freude am Hofe, und so lebten die Zwillingsbrüder zufrieden und glücklich, jeder in seinem Reich.

(Östergötland)

Der Junge, der die Hasen
des Bergkönigs hütete

Es war einmal eine Frau, die hatte drei Söhne. Sie lebten in Armut und litten große Not. Eines Tages, als sie überhaupt nichts mehr zu essen hatten, schickte die Mutter den ältesten Sohn zum Bergkönig, um etwas Brot zu erbitten. Der Weg war nicht weit. Bald hatte der Junge das Schloss des Bergkönigs erreicht und bat um etwas zu essen.

»Ein Faulpelz wie du«, sprach der König, »ist nicht zu gut zum Arbeiten. Kannst du hüten?«

»Nein, das habe ich nicht gelernt«, erwiderte der Junge.

Diese Antwort verdross den König, und er ließ den Jungen in eine Schlangengrube werfen.

Die Mutter wartete lange auf den Jungen, und als er nicht kam, schickte sie ihren zweiten Sohn aus, um nach ihm zu suchen. Auch er kam zum Bergschloss, doch seinen Bruder konnte er nicht finden.

»Gebt mir ein wenig Brot, Herr König!«, bat er.

»Du bist wohl nicht zu gut zum Arbeiten, du Schlingel. Kannst du hüten?«

»Nein, das habe ich nie gelernt«, antwortete der Junge.

Da wurde der König wütend und ließ auch ihn in die Schlangengrube werfen.

Die Mutter, die lange zu Hause gesessen und gewartet hatte, schickte nun ihren Jüngsten aus, um nach den beiden Brüdern zu suchen. Der Junge nahm denselben Weg, verirrte sich aber und geriet auf einen Pfad, der ihn zu einer finsteren Berghöhle führte. Davor saß ein hässliches Weib, das, so schien es dem Jungen, über hundert Jahre alt sein mochte, denn es war von Kopf bis Fuß bemoost und schien sich dabei gar nicht wohl zu fühlen.

»Mütterchen trägt ja ein prächtiges Kleid«, sagte er und grüßte: »Einen schönen guten Tag!«

»Dir auch, Junge! Was sagtest du?«, antwortete die Alte. »Mit meinem Kleid bin ich nicht mehr zufrieden. Wenn du es herunterreißt, tätest du mir etwas Gutes.«

»Da müsste sich Mütterchen wohl schämen, würde ich sie einfach so entkleiden!«

Sie scherzten noch eine Weile, und schließlich gab sich der Junge geschlagen.

»Also gut«, sagte er und riss das Moos herunter.

Die Alte fühlte sich erleichtert, und das war auch kein Wunder. Zum Dank überreichte sie dem Jungen eine kleine Pfeife und sprach:

»Es kann gut sein, dass du bald Hasen hüten musst. Und es kann passieren, dass dir die Hasen davonlaufen. Dann blas in die Pfeife, und du wirst sie nicht suchen müssen.«

»Danke, danke, liebes Mütterchen!« sagte der Junge und wollte weitergehen, da rief ihm die Alte hinterher:

»Aber hüte dich, Junge! An dem Tag, an dem du die Pfeife aus der Hand gibst, wird dich auch das Glück verlassen!«

Der Junge zog weiter und kam bald an das Schloss des Bergkönigs. Dort bat er um etwas zu essen.

»Ein Nichtsnutz wie du sollte wohl arbeiten können für sein Brot. Kannst du hüten?«, fragte der König.

»Oh, das kann ich wohl«, antwortete der Junge.

Daraufhin übergab man ihm eine Herde von nicht weniger als zweihundert großen schwarzen Hasen. Die Tiere begannen sogleich, wild um ihn herumzuspringen. Eines nach dem anderen hoppelte auf den Wald zu, und bald waren alle im Gebüsch verschwunden.

Der Junge überlegte kurz, dann nahm er die Pfeife und blies kräftig hinein. Er musste nicht lange blasen; im Handumdrehen waren alle Hasen wieder um ihn versammelt.

»So etwas ist mir auch noch nicht passiert«, brummte der Bergkönig verärgert. »Aber ich werde mir schon zu helfen wissen.«

Er schickte seine Dienstmagd aus, sie solle ihm die Pfeife beschaffen. Das Mädchen tat, wie ihr geheißen, und bat den Jungen, ihr die Pfeife zu schenken.

»Die kannst du haben«, sagte der Junge, »aber ich will in deinen Armen einschlafen.«

Das Mädchen dachte: Es wird sich schon finden, lächelte und sagte ja. Und so geschah es. Doch als er die Pfeife herausgeben sollte, lachte der Junge und sang:

»Ich schlief bei dir,
du schliefst bei mir,
aber meine Pfeife blase ich selbst!«

So kehrte die Dienstmagd ohne Pfeife zurück, worüber sich der König nicht eben freute.

Am zweiten Tag liefen die Hasen erneut davon, und wieder holte sie der Junge mit seiner Pfeife zurück. Nun wurde die schöne Kammerzofe der Bergkönigin ausgeschickt. Höflich und inständig bat sie ihn um die schöne Pfeife.

»Die sollst du haben, wenn ich nur in deinen Armen einschlafen darf«, antwortete der Junge.

Die Zofe dachte: Es wird sich schon finden, lächelte und sagte ja.

Doch als sie danach die Pfeife forderte, lachte der Junge und sang:

»Ich schlief bei dir,
du schliefst bei mir,
aber meine Pfeife blase ich selbst!«

So musste das Mädchen ohne Pfeife davongehen.

Jetzt wurde der König wütend. Als es dem Jungen am folgenden Tag wieder gelang, die Hasen zu hüten, schickte er seine einzige Tochter aus, um mit wohlgesetzten Worten die Pfeife zu erbeuten. Die Prinzessin war wunderschön und bat den Jungen, ihr die Pfeife zur Belustigung zu überlassen.

»Ihr könnt sie gern haben, schöne Prinzessin«, antwortete der Junge. »Aber lässt mich in euren Armen einschlafen.«

Das wird sich schon finden, dachte die Prinzessin und willigte ein.

Aber als ihr danach die Pfeife übergeben werden sollte, lachte der Junge nur und sang:

»Ich schlief bei dir,
du schliefst bei mir,
aber meine Pfeife blase ich selbst!«

So musste auch die Prinzessin ohne Pfeife nach Hause gehen.

Jetzt wurde der König richtig zornig. Da die Besuche der Jungfrauen kein Ergebnis gebracht hatten, ließ er den Jungen zu sich rufen. Er reichte ihm eine große Tüte und sprach:

»Deine beiden Brüder liegen in der Schlangengrube. Auch du wirst dort enden, wenn du es nicht schaffst, diese Tüte voll mit Liedern zu singen!«

Der Junge setzte die Tüte an den Mund und sang hinein:

»Am ersten Tag,
als ich beim König diente,
schickte er mir seine Magd.

Ich schlief bei ihr,
sie schlief bei mir,
aber meine Pfeife blies ich selbst.

Am zweiten Tag,
als ich beim König diente,
schickte er die Kammerzofe der Königin.
Ich schlief bei ihr,
sie schlief bei mir,
aber meine Pfeife blies ich selbst.

Am dritten Tag,
als ich beim König diente,
schickte er mir seine Tochter ...«

»Hör auf, hör auf«, schrie der König. »Die Tüte ist voll!«
Danach ließ er den Sack mit Gold und Silber füllen und schenkte ihn dem Jungen, der zufrieden und glücklich davonzog.

(Gemeinde Skeden, Dalarna)

Das Schloss,
das auf goldenen Pfählen stand

Es war einmal ein Kätner, der lebte mit seiner Frau in einer Hütte tief im Wald. Sie hatten zwei Kinder, einen Jungen und ein Mädchen. Die Armut war so groß, dass sie außer einer Kuh und einem Kater nichts besaßen.

Der Kätner und seine Frau lebten im ständigen Streit. Man konnte gewiss sein, dass, wenn er das Eine wollte, sie mit Sicherheit das Andere vorzog. Eines Abends hatte die Frau Grütze gekocht. Als alles auf die Teller verteilt war, wollte der Mann den Topf auskratzen. Doch die Frau war damit gar nicht einverstanden und behauptete, sie allein habe das Recht auf die Reste.

Diesmal zankten sie besonders heftig, und keiner wollte nachgeben. Schließlich ergriff die Frau den Topf und rannte aus dem Haus. Der Mann packte den Schöpflöffel und eilte hinterher. So ging es durch den Wald und über die Berge, vorn die Frau und hinten der Mann. Wer von den beiden es schaffte, den Topf auszukratzen, ist nicht überliefert.

Nachdem einige Zeit vergangen war und die Eltern nichts von sich hören ließen, wussten sich die Kinder keinen anderen Rat, als in die Welt hinauszuziehen, um ihr Glück zu versuchen, jedes auf seine Art. Sie beschlossen, das Erbe unter sich aufzuteilen, aber das war gar nicht so einfach, denn beide wollten die Kuh. Während sie noch überlegten, schlich der Kater zu dem Mädchen, schmiegte sich an dessen Knie und miaute:

»Nimm mich! Nimm mich!«

Da der Junge darauf bestand, die Kuh zu bekommen, gab das Mädchen nach und begnügte sich mit dem Kater. Daraufhin trennten sich die Geschwister; der Junge zog mit seinem Erbteil davon. Das Mädchen und der Kater aber liefen durch den Wald. Mir wurde nichts darüber gesagt, wie es ihnen unterwegs erging; jedenfalls kamen sie irgendwann an einen großen und prächtigen Königshof, weit, weit von hier.

Während sie auf das Schloss zugingen, sagte der Kater zu seiner Herrin:

»Wenn du auf mich hörst, wird es dir Glück bringen.«

Das Mädchen vertraute seinem Begleiter und versprach, seinem Rat zu folgen. Da sagte der Kater, sie solle ihr ärmliches Kleid ablegen und auf einen hohen Baum klettern. Er wolle zum Schloss laufen und die Nachricht verbreiten, Straßenräuber hätten eine Königstochter überfallen und ihr alles geraubt, sogar die Kleider.

Das Kätnermädchen tat, wie ihm geheißen. Es legte seine Lumpen ab, stieg auf eine alte Eiche und hoffte, dass die List gelingen möge.

Als der König, der über das Land herrschte, erfuhr, dass einer fremden Prinzessin Gewalt angetan worden war, machte er sich große Sorgen. Sofort schickte er seine Diener aus, um ihr Gastfreundschaft anzubieten. Das junge Mädchen wurde reichlich mit Kleidern und allem, was es benötigte, versehen und ließ sich von den Abgesandten des Königs zum Schloss bringen.

Als sie den Hof betrat, waren alle von der Schönheit und dem Auftreten der Jungfer eingenommen. Am meisten wurde sie von dem Sohn des Königs bewundert, der bald überzeugt war, nicht mehr ohne sie leben zu können. Die Königin aber ahnte etwas, denn sie fragte, wo die schöne Prinzessin denn zu Hause sei.

»Ich wohne weit, weit von hier in einem Schloss, das Katzenburg heißt«, lautete die Antwort.

Die alte Königin war dennoch nicht zufrieden, sondern nahm sich vor, herauszufinden, ob die fremde Jungfer wirklich eine Königstochter war oder nicht. Deshalb ging sie ins Gästezimmer und bereitete dem Kätnermädchen ein Bett aus weichen Seidentüchern, doch unter das Laken legte sie eine Bohne.

Wenn sie eine Prinzessin ist, wird sie es merken, dachte sie.

Am Abend zog sich das junge Mädchen unter großen Ehrenbezeigungen in sein Zimmer zurück. Der Kater aber hatte alles beobachtet und warnte seine Herrin vor der List der Königin.

Am nächsten Morgen kam die alte Königin herein und erkundigte sich, wie der Gast geschlafen habe. Das Mädchen antwortete, wie der Kater ihr geraten hatte:

»Oh, ich war sehr ruhebedürftig nach der langen Wanderung. Aber es schien mir doch, als hätte ich auf einem Berg gelegen. In meinem Bett auf Schloss Katzenburg schlafe ich besser.«

Die Königin war nun beinahe überzeugt, dass die Jungfer eine sehr vornehme Erziehung genossen hatte, beschloss aber, sie noch einmal auf die Probe zu stellen.

Am zweiten Abend ging die Königin wieder ins Gästezimmer, versah das Bett der Kätnerstochter mit weichen Seidentüchern und legte ein paar Erbsen unter das erste Laken.

Wenn sie wirklich eine Prinzessin ist, wird sie etwas spüren, dachte sie dabei.

Am Abend wurde die Jungfer freundlich verabschiedet und begab sich auf ihr Zimmer. Doch der Kater hatte die List der Königin bemerkt und seine Herrin gewarnt. Als am Morgen die Königin hereinkam und sich erkundigte, wie ihr Gast denn geschlafen habe, antwortete das Mädchen, wie der Kater ihr geraten:

»Oh ja, ich habe geschlafen, denn ich war sehr müde. Aber ich fühlte mich, als würde ich auf großen Steinen liegen. In meinem Bett auf Schloss Katzenburg schlafe ich besser.«

Die Königin musste anerkennen, dass die Prinzessin die Prüfung bestanden hatte. Dennoch blieb ein Rest Misstrauen, und sie beschloss, ein letztes Mal zu prüfen, ob das junge Mädchen genau so vornehm wäre wie sie selbst.

Am dritten Tag schlich sie erneut in das Gästezimmer, bedeckte das Bett mit weichen Seidentüchern und legte einen Strohhalm unter das zweite Laken.

Wenn sie eine Königstochter ist, wird sie es merken, dachte sie dabei.

Die Jungfer wurde am Abend freundlich verabschiedet und begab sich in ihre Schlafkammer. Wieder war sie durch den Kater gewarnt worden und wusste am Morgen, als die Königin sie fragte, wie sie geschlafen habe, die richtige Antwort zu geben:

»Oh gewiss, ich habe geschlafen, denn ich war sehr müde. Aber es war, als schliefe ich auf einem Baumstamm. Wie sehne ich mich nach meinem Bett auf Schloss Katzenburg!«

Die Königin merkte nun, dass sie auf diese Weise nie die Wahrheit herausbekommen würde, und beschloss, genau acht zu geben, wie sich die Jungfer in allem anderen verhielte.

Am Tag darauf schickte die Königin ihrem Gast einen schönen Seidenrock mit einer langen Schleppe, wie vornehme Frauen sie tragen. Die Kätnerstochter dankte für die gute Gabe und dachte sich nichts dabei, doch der Kater war zur Stelle und riet seiner Herrin, auf der Hut zu sein. Nach einer Weile schlug die Königin vor, einen kleinen Spaziergang zu machen. Das Mädchen willigte ein, und sie gingen los.

Als sie in den Park kamen, achteten die Hofjungfern sehr darauf, ihre Röcke nicht zu beschmutzen, denn es hatte in der Nacht geregnet. Die Fremde aber kümmerte sich nicht darum und ließ ihre Schleppe über den Erdboden schleifen. Da sagte die Königin:

»Liebe Prinzessin, gebt Acht auf euren Rock!«

Die Kätnerstochter aber antwortete stolz:

»Oh, es gibt hier doch sicher noch mehr Kleider als gerade dieses. Auf Schloss Katzenburg habe ich Dutzende!«

Die alte Königin schloss daraus, dass die Jungfer es gewohnt war, seidene Röcke zu tragen. Also musste es sich wirklich um eine Prinzessin handeln. Deshalb wollte sie dem Werben ihres Sohnes nicht mehr im Wege stehen. Als er die Kätnerstochter bat, seine Frau zu werden, willigte diese ein.

Eines Tages saßen die beiden Verlobten zusammen und unterhielten sich. Da schaute die Kätnerstochter durchs Fenster und sah, wie ihre Eltern aus dem Wald gerannt kamen, vorn die Mutter mit dem Topf, dahinter der Vater mit dem Löffel. Da konnte sie nicht an sich halten und musste laut lachen. Der Prinz erkundigte sich, was sie so erheitere, und sie antwortete, wie es ihr der Kater beigebracht hatte:

»Ich denke gerade daran, dass Euer Schloss auf Stein gebaut ist. Meines dagegen steht auf goldenen Pfählen!«

Als der Prinz das hörte, erwiderte er:

»Immer sehnst du dich nach dem schönen Katzenburg, wo alles so viel besser sein soll als bei uns. Deshalb wollen wir losfahren und uns deinen Königshof ansehen, und sei der Weg noch so weit!«

Bei diesen Worten wollte die Kätnerstochter am liebsten im Erdboden versinken, denn sie besaß ja weder einen Hof noch ein Schloss. Doch da war nichts zu machen. Deshalb ließ sie sich nichts anmerken, sondern sagte, sie wolle nur überlegen, welcher Tag sich am besten zur Abreise eigne.

Als sie allein war, ließ sie ihrem Kummer freien Lauf und begann, bitterlich zu weinen. Sie dachte an all den Schimpf, der sie treffen würde, wenn ihr Betrug ans Tageslicht käme. Da strich der weise Kater um ihr Knie und fragte, warum sie so betrübt sei. Das Kätnermädchen antwortete:

»Wie soll ich mir keine Sorgen machen! Der Prinz will unbedingt nach Katzenburg reisen! Nun muss ich dafür büßen, dass ich deinem Rat gefolgt bin!«

Doch der Kater machte ihr wieder Mut und versprach, für einen guten Ausgang zu sorgen. Er riet ihr sogar, die Reise so bald wie möglich anzutreten. Weil sie so viele Beweise der Klugheit ihres Katers erhalten hatte, ging die Kätnerstochter auf seinen Rat ein, doch diesmal schweren Herzens, denn sie konnte sich nicht vorstellen, dass alles gut enden würde.

Am frühen Morgen ließ der Königssohn die Wagen bereit machen; Kutscher und Pagen trugen zusammen, was für die lange Fahrt nach Katzenburg erforderlich war. Dann setzte sich der Zug in Bewegung. Der Prinz und seine Verlobte fuhren an der Spitze in einer vergoldeten Kutsche, begleitet von vielen Rittern und Knappen. Ganz vorn aber lief der Kater und wies allen den Weg.

Nach einigen Stunden entdeckte der Kater einige Hütejungen, die über eine große Herde prächtiger Ziegen wachten. Er ging zu ihnen, grüßte höflich und sprach:

»Guten Tag! Gleich kommt der Sohn des Königs vorbeigefahren und wird sich erkundigen, wem die prächtigen Ziegen gehören. Wenn ihr antwortet, sie seien Eigentum der jungen Prinzessin von Katzenburg, die an seiner Seite sitze, werdet ihr reich belohnt werden. Tut ihr es nicht, werde ich euch allesamt zerreißen!«

Die Hütejungen erschraken und versprachen, den Wunsch des Katers zu erfüllen. Wenig später kam der

Königssohn mit seinem Gefolge vorbei. Als er die prächtigen Ziegen sah, ließ er anhalten und erkundigte sich, wem sie gehörten. Die Hütejungen antworteten wie befohlen:

»Die Ziegen sind Eigentum der jungen Prinzessin von Katzenburg, die da an Eurer Seite sitzt.«

Der Königssohn freute sich, dass seine Verlobte beim Volk sehr beliebt sein musste. Das Kätnermädchen aber war glücklich und meinte im Stillen, dass sie bei der Aufteilung des Erbes doch nicht schlecht weggekommen sei.

Wieder lief der Kater voraus und kam an eine Wiese, wo Heu gewendet wurde. Er ging zu den Knechten und sagte:

»Guten Tag, gute Leute! Wenn der Königssohn vorbeifährt und fragt, wem die schöne Wiese gehört, dann antwortet ihr, sie sei Eigentum der Prinzessin von Katzenburg, die an seiner Seite sitze. Wenn ihr das tut, werdet ihr reich belohnt, wenn nicht, reiße ich euch in tausend Teile!«

Die Männer erschraken und versprachen, dem Wunsch des Katers zu folgen. Bald kam der Königssohn mit seinem Gefolge vorbei. Als er die prächtige Wiese und die vielen Knechte erblickte, ließ er anhalten und erkundigte sich, wer wohl über dieses Land herrsche. Die Männer antworteten wie versprochen:

»Die Wiese ist Eigentum der jungen Prinzessin von Katzenburg, die dort an Eurer Seite sitzt.«

Nun war der Königssohn überzeugt, dass seine Braut unermesslich reich sein müsste, wenn ihr so prächtige Wiesen gehörten.

Wieder lief der Kater voraus und kam an ein riesiges Feld, wo gerade Korn gemäht wurde. Es wimmelte von Mägden und Knechten. Der Kater ging zu ihnen und sagte:

»Guten Tag, meine Freunde, und gutes Gelingen bei der Arbeit! Gleich kommt der Königssohn vorbeigefahren und fragt, wem das große Feld gehört. Ihr sollt antworten, es sei Eigentum der Prinzessin von Katzenburg, die an seiner Seite sitze. Wenn ihr das tut, werdet ihr reich belohnt, wenn nicht, reiße ich euch in so kleine Stücke, dass sie vom Herbstlaub nicht zu unterscheiden sind.«

Die Leute erschraken und versprachen, es dem Kater recht zu machen. Als nun der Königssohn an das riesige Feld kam, war er so beeindruckt, dass er anhalten ließ und sich nach dem Besitzer erkundigte. Die Leute antworteten:

»Das Kornfeld gehört der jungen Prinzessin von Katzenburg, die dort an Eurer Seite sitzt.«

Da freute sich der Prinz sehr, doch die Kätnerstochter wusste nicht recht, was sie von all dem halten sollte.

Der Abend war gekommen, und der Prinz beschloss, ein Nachtlager aufzuschlagen. Der Kater aber lief weiter, bis er eine stattliche Burg mit Türmen und Zinnen erblickte, die auf goldenen Pfählen stand. Sie gehörte einem grimmigen Riesen, der über die ganze Gegend herrschte, aber gerade nicht zu Hause war. Unbehelligt spazierte der Kater hinein, verwandelte sich in einen Laib Brot und setzte sich in das Türschloss. So wartete er auf die Rückkehr des Hausherrn.

Vor Tagesanbruch begann die Erde zu beben, denn der große, schwere Riese näherte sich mit gewaltigen Schritten. Als er an das Burgtor kam, konnte er es wegen des Brotes, das im Schloss steckte, nicht öffnen. Da wurde er zornig und rief:

»Aufmachen! Aufmachen!«

Der Kater erwiderte:

»Warte nur ein Weilchen; ich will dir erst meine Abenteuer erzählen. Erst formten sie mich und erwürgten mich fast dabei.«

»Aufmachen! Aufmachen!«, schrie der Riese, doch der Kater erzählte weiter:

»Warte nur ein Weilchen, während ich dir meine Abenteuer erzähle. Erst formten sie mich und erwürgten mich fast dabei. Dann wälzten sie mich im Mehl, dass ich beinahe erstickte.«

»Aufmachen! Aufmachen!«, schrie der Riese verbittert, doch der Kater fuhr fort:

»Warte nur ein Weilchen, ich will dir erst meine Abenteuer erzählen. Erst formten sie mich und erwürgten mich fast dabei. Dann wälzten sie mich im Mehl, dass ich beinahe erstickte. Dann stachen sie mich an und erstachen mich fast.«

Jetzt wurde der Riese rot vor Zorn und schrie, dass die ganze Burg bebte:

»Aufmachen! Aufmachen!«

Der Kater jedoch ließ sich nicht beeindrucken, sondern erwiderte wie zuvor:

»Warte nur ein Weilchen, ich will dir erst meine Abenteuer erzählen. Erst formten sie mich und erwürgten mich fast dabei. Dann wälzten sie mich im Mehl, dass ich beinahe erstickte. Dann stachen sie mich an und erstachen mich fast. Dann backten sie mich, dass ich beinahe verbrannte.«

Da bekam es der Riese mit der Angst zu tun und bat kläglich:

»Aufmachen! Bitte aufmachen!«

Aber auch das half nichts. Das Brot steckte im Schlüsselloch wie zuvor. In diesem Augenblick rief der Kater:

»Schau nur, die schöne Jungfrau reitet zum Himmel hinauf!«

Als sich der Troll umwandte, ging über den Bergen die Sonne auf. Das konnte er nicht ertragen; er fiel um und zerbarst.

Der Brotlaib verwandelte sich nun wieder in den Kater und beeilte sich, alles für die Gäste herzurichten. Bald kam der Prinz mit seiner jungen Braut und dem ganzen Gefolge gefahren. Der Kater wartete am Burgtor und begrüßte alle auf Schloss Katzenburg. Die Tafel war gedeckt, und es fehlte weder an Speisen noch an Getränken. Das Schloss war voll mit Silber, Gold und anderen Kostbarkeiten; einen solchen Reichtum hatte niemand zuvor gesehen.

Kurze Zeit später heiratete der Prinz die schöne Jungfrau, und alle verstanden, dass sie immer von Schloss Katzenburg geschwärmt hatte.

Der Königssohn und die Kätnerstochter lebten nun viele, viele Jahre glücklich zusammen. Was aus dem Kater wurde, weiß ich nicht, aber ich kann mir vorstellen, dass er keine Not leiden musste. Danach war ich nicht mehr dabei.

(Västmanland)

Hast du in mein Kästchen geschaut?

Es war einmal ein Bauer, der hatte eine Frau und viele Kinder und war sehr arm. Er hatte bereits seine Kuh verkauft und alles außer dem, was er auf dem Leibe trug, um seine Familie zu ernähren, denn Scheune und Vorratskammer waren leer.

Als sie so eine Zeit gehungert hatten und der Alte sich keinen Rat mehr wusste, sagte er eines Tages zu seiner Frau:

»Wenn du einverstanden bist, Maja, nehme ich eines der Kinder und verkaufe es. Ich werde wohl etwas dafür bekommen, und so entgehen wir noch einmal dem Hungertod.«

»Ja, es gibt wohl keine andere Möglichkeit«, antwortete die Frau.

»Dann nehme ich das älteste Mädchen, es sieht noch am gesündesten aus. Für die anderen mageren, bleichen Kleinen wird mir keiner etwas geben wollen.«

»Du musst es wohl tun«, antwortete die Frau und seufzte.

Da holte der Bauer seine älteste Tochter, und sie machten sich auf den Weg. Als sie ein Stück gegangen waren, trafen sie eine alte, alte Frau, die fragte, wohin sie unterwegs seien.

»Ich gehe meine Tochter verkaufen, weil ich so arm bin, und wir nichts zu essen zu Hause haben«, antwortete der Mann.

»Ich kaufe sie«, sagte die Alte. »Aber du bekommst weder Silber noch Gold für sie. Wenn du heimkommst, gehst du in den Stall und wirfst diese Kuhhufe in die Verschläge. Dann steigst du auf den Heuboden und hinterlässt dort einen Halm. In die Vorratskammer legst du eine Rübe, die ich dir gebe, und je ein Getreidekorn in die Kornkästen. Anschließend gehst du in die Stube, wo ihre eure Kleider aufbewahrt, und hängst einen Lappen an jeden Nagel. Und auf dem Boden legst du einen Knochen auf jeden Balken.«

Daraufhin nahm die Alte das Mädchen und humpelte davon.

Als der Bauer nach Hause kam, ging er nacheinander in den Stall, die Kammer, die Stube und auf den Boden, um zu tun, was die Alte ihm aufgetragen hatte. Erst als alles erledigt war, begrüßte er seine Frau.

»Wie viel hast du für das Mädchen bekommen?«, erkundigte sie sich.

»Noch gar nichts«, antwortete der Bauer. »Werden sehen, was der morgige Tag bringt.«

Als der Morgen graute, weckte der Bauer seine Frau und sprach:

»Willst du nicht in den Stall gehen?«

»Was soll ich denn dort?«, erwiderte sie. »Soll ich mir die leeren Verschläge ansehen?«

»Hörst du denn nicht, wie die Kühe brüllen?«, schmunzelte der Bauer.

Da bekam die Frau Angst und fragte ihn, ob er wisse, wie die Tiere dorthin gekommen seien.

»Oh ja, das weiß ich«, antwortete der Bauer. »Geh nur, Maja, und füttere sie. Heu findest du reichlich auf dem Boden.«

Die Frau glaubte, ihr Mann wäre verrückt geworden. Aber als er ihr berichtete, wie es zugegangen war, lächelte sie, sprang aus dem Bett und rief:

»Wenn es stimmt, dass wir für unsere Tochter den Stall voll Vieh und den Boden voll Heu bekommen haben, dann kannst du gern die anderen Kinder auch noch verkaufen!«

175

»Nein«, erwiderte der Mann, »es ist schon schlimm genug, dass die Not uns zwang, unsere älteste Tochter zu verkaufen. Du musst wissen, dass wir jetzt auch genug Nahrung und Kleidung für alle haben. Wenn du in den Stall gehst, schau vorher in die Stube, und du wirst mehr Kleider finden, als du brauchst. Die Kornkästen sind gefüllt, die Vorratskammer ist voller Rüben, und an den Dachbalken hängen fette Schinken. Damit solltest du wohl zufrieden sein, Maja!«

Daraufhin lebten sie gut und glücklich.

Die älteste Tochter aber war mit der Alten nach Hause gegangen. Die greise Frau behandelte das Mädchen sehr gut; es bekam jeden Wunsch erfüllt. Deshalb versuchte es auch, der Alten Freude zu bereiten. Es war freundlich, sang oft und erledigte fleißig all die kleinen Arbeiten im Haushalt. So kamen sie gut miteinander aus.

Eines Tages sagte die Alte:

»Ich verreise nun für einige Tage, und du bleibst allein zu Haus. Kümmere dich gut um das Viehzeug! Ansonsten kannst du tun und lassen, was du magst. Aber in mein Kästchen darfst du nicht schauen.«

Doch als die Alte fort war, konnte das Mädchen seine Neugier nicht zügeln und öffnete das Kästchen. Es schaute nur ganz kurz hinein und verschloss es gleich wieder. Dann versorgte es wie an jedem Morgen und Abend die Hühner und Gänse und putzte im Haus.

Als die Alte zurückkam, lobte sie das Mädchen sehr, weil es so fleißig und ordentlich gewesen war. Dann aber musterte sie es scharf und fragte:

»Hast du in mein Kästchen geschaut?«

»Nein«, antwortete das Mädchen zitternd.

»Hast du wirklich nicht in mein Kästchen geschaut?«, fragte die Alte noch einmal.

»Nein«, antwortete das Mädchen, »ich habe es nicht angerührt.«

Da schlug ihr die Alte auf den Mund und fauchte:
»Zuerst verlierst du die Sprache, weil du gelogen hast, und dann musst du hinaus in den Wald, weil du ungehorsam warst!«

Im selben Augenblick stand das Mädchen stumm in einem riesigen, dichten Wald.

Als es eine Weile gelaufen war, ohne zu wissen, wohin, hörte es die Rufe von Jägern und das Bellen von Hunden. Eine Jagdgesellschaft ritt heran, in der sich auch der König befand.

Als er das schöne Mädchen sah, hielt er an und erkundigte sich, wer sie sei. Sie gab ihm durch Zeichen zu verstehen, dass sie nicht sprechen könne. Da befahl der König seinem Gefolge, die Jungfer mit ins Schloss zu nehmen, und sie gefiel ihm so gut, dass er sie zur Frau nahm.

Als sie etwa ein Jahr verheiratet waren, gebar die Königin einen Sohn. Doch einen Tag später war das Kind verschwunden, und die Königin lag mit einem blutigen kleinen Finger im Mund in ihrem Bett. Bald hieß es, sie habe ihr Kind gefressen.

Als der König davon erfuhr, war er sehr betroffen. Aber er hatte sie so herzlich lieb, dass er ihr deshalb nichts Böses antun wollte.

Im Jahr darauf geschah dasselbe. Wieder gebar die Königin einen Sohn, doch am nächsten Morgen war er verschwunden, und sie hatte einen blutigen kleinen Finger im Mund.

Als dies dem König berichtet wurde, konnte er seinen Zorn nur mühsam unterdrücken und sprach:

»Auch diesmal will ich ihr noch verzeihen, doch geschieht es ein drittes Mal, dann muss sie sterben.«

Doch im dritten Jahr lief es genau wie zuvor; das Kind verschwand, und nur der blutige kleine Finger blieb im Mund der Mutter. Der König war so tief betrübt, dass seine Trauer seinen Zorn übertraf. Doch er hatte sein Königswort gegeben; die Königin musste sterben.

Weit weg in einem Birkenwäldchen wurde ein hohes Podest errichtet. Eine breite Treppe führte dort hinauf, und alles war mit schwarzen Tüchern verhangen. Rundherum standen Bewaffnete, und oben wartete der Henker mit seinem blanken Beil.

Dorthin führte man die Königin; neben ihr lief ein Priester und hinter ihr der König. Als sie die Treppe hinaufgestiegen war, stand plötzlich die verrückte Alte dort oben und fragte:

»Hast du in mein Kästchen geschaut?«

Da öffnete sich der Mund der Königin, und sie antwortete:

»Ja, das habe ich getan.«

»Da du nun deine Lüge gestanden hast, sollst du leben und deine Sprache zurück bekommen«, sagte die Alte. »Und hier hast du deine drei Söhne zurück. Ich war es, die sie dir genommen und die kleinen Finger in deinen Mund gesteckt hat.«

Als die Alte diese Worte gesprochen hatte, verschwand sie. Der König war überglücklich, nun drei Söhne zu haben, denen nichts fehlte außer drei kleinen Fingern. Noch mehr freute er sich, dass er seine Königin behalten durfte. Die schwarze Richtstätte wurde abgerissen; der Henker bekam diesmal nichts zu tun. Aber der König und die Königin lebten glücklich noch viele Jahre.

(Roslagen, aufgezeichnet von C. O. Dammgren)

Der Junge,
der das Riesenkind
in den Brunnen fallen ließ

Es war einmal eine Riesenfamilie, die wohnte draußen im Wald. Rund um ihre Hütte gab es fruchtbares Land, so dass es den Riesen immer gut ging, während die Menschen in den umliegenden Dörfern ihr Vieh auf kleinen, mageren Wiesen weideten. Das verdross sie, und sie trieben ihre Tiere oft auf das Land des Riesen. Aber das ging nicht immer gut, denn der Riese, der sehr grimmig war, überfiel die Hirten und brachte sie um.

Nicht weit vom Riesen wohnte eine arme Frau mit ihrem einzigen Sohn. Der Junge war klein und schmächtig, aber auch klug und listig. Eines Tages sagte er seiner Mutter, sie solle ihm drei Käse zurechtmachen. Die Frau erfüllte seinen Wunsch. Als die drei Käse fertig waren, rollte er sie in der Herdasche, so dass sie grau und unappetitlich aussahen. Die Mutter ärgerte sich darüber und schalt ihn, er vergeude Gottes Gaben. Doch der Junge bat sie, Ruhe zu geben. Sie konnte ja nicht wissen, was er im Schilde führte.

Am frühen Morgen trieb der Junge die wenigen Tiere der Mutter auf die saftigen Wiesen des Riesen. Hier spazierte er unbehindert umher, solange die Sonne am Himmel stand. Gegen Abend sammelte er sein Vieh ein und wollte sich auf den Heimweg machen. Doch inzwischen hatte der Riese den ungebetenen Besucher bemerkt und kam mit großen Schritten auf ihn zu. Der Unhold war sehr zornig und sah so schrecklich aus, dass der Junge trotz seiner Beherztheit Angst bekam.

»Was tust du hier auf meiner Wiese?«, brüllte der Riese.

Der Junge antwortete, er habe gutes Gras für seine Tiere gesucht. Der Riese schrie:

»Pack dich, sonst zerquetsche ich dich wie diesen Stein!«

Dabei packte er einen großen Feldstein und presste ihn in der Faust, bis er in tausend Stücke zersprang. Der Junge erwiderte:

»Du bist sehr stark, aber ich bin es auch, obwohl ich so klein gewachsen bin.«

Dabei nahm er unauffällig einen Käse aus seiner Tasche und quetschte ihn, so dass die Molke heraustropfte. Als der Riese das sah, wunderte er sich sehr und meinte, es sei ein Trick dahinter. Wieder packte er einen Stein und ließ ihn zersplittern, doch der Junge holte schnell den zweiten Käse hervor und ließ das Wasser heraustropfen. Der Riese versuchte es ein drittes Mal, aber wieder überlistete ihn der Junge. Da gab sich der Riese erst einmal geschlagen und sagte:

»Ich hätte nicht gedacht, dass du so stark bist. Komm mit auf meinen Hof und diene mir treu, dann werde ich dich mit drei Scheffeln Gold entlohnen. Wenn du mir aber nicht gehorchst, schneide ich drei breite Riemen aus deinem Rücken.«

Der Junge erwiderte:

»Das kann ich annehmen, aber erst muss ich meine Tiere ins Dorf treiben.«

Also verabredeten sie, sich am Tag darauf wieder zu treffen.

Am nächsten Tag ging der Junge in den Wald, traf den Riesen an der verabredeten Stelle und begleitete ihn zu dem Riesenhof. Dort lernte er auch die Riesin kennen, die so grässlich aussah, dass er sich vor ihr mehr fürchtete als vor ihrem Mann.

Nach einer Weile wollte der Riese mit seinem neuen Knecht in den Wald gehen, um Holz zu schlagen. Er sagte:

»Weil du so stark bist, kannst du meine Axt tragen.«

Die Axt aber war so groß und schwer, dass der Junge sie kaum anheben konnte. Deshalb antwortete er:

»Besser, Ihr tragt Eure Axt selbst. Ich will vorauslaufen und Euch den Weg weisen.«

Dem Riesen war es Recht, und sie zogen los. Tief im Wald blieben sie an einem großen Baum stehen, und der Riese meinte:

»Weil du so stark bist, darfst du den ersten Hieb tun. Ich übernehme dann den zweiten.«

»Nein«, erwiderte der Junge, »mit so einer kleinen Axt kann ich nicht arbeiten. Schlagt selbst zuerst, ich folge dann.«

Dem Riesen war es Recht, er hob die Axt und hieb das Blatt dicht über der Wurzel in den Stamm. Der Schlag war so gewaltig, dass der Baum krachend zu Boden fiel. Dem Knecht blieb es somit erspart, seine Kraft zu beweisen.

Nun musste der Baum nach Hause gebracht werden. Der Riese fragte:

»Willst du die Krone oder den Stamm tragen?«

Der Knecht antwortete:

»Ich nehme die Krone.«

Der Riese hob den Stamm auf die Schulter, aber der Junge rief zweimal, er solle ihn ein Stück weiter nach vorn nehmen. So kam es, dass der Riese schließlich die ganze Last allein trug. Daraufhin kletterte der Junge in die Krone und versteckte sich zwischen den Zweigen. Als sie den Hof erreichten, war der Riese erschöpft, während der Knecht meinte, das sei wohl keine schwere Arbeit gewesen.

Am Tag darauf erklärte der Riese, er müsse fort. Der Knecht solle zu Hause bleiben und der Frau beim Buttern helfen. Die Riesin holte einen Eimer Milch, aber er war so groß, dass der Junge ihn kaum anheben konnte. Er sagte:

»Herrin, das scheint mir eine leichte Arbeit zu werden, aber ich will gern helfen. Ihr müsst mir nur vormachen, was ich tun soll.«

Die Riesin nahm also den Eimer und begann zu buttern. Der Junge stand daneben und schaute zu. Plötzlich begann das Riesenkind zu schreien. Da sagte die Riesin:

»Nimm das Kleine und wasche es am Brunnen. Ich buttere solange weiter.«

Der Junge ging, aber er ließ sich Zeit. Als er nun an den Brunnen kam und das Riesenmädchen, das fast so groß war wie er selbst, waschen wollte, rutschte es ihm aus den Händen, fiel ins Wasser und ertrank. Dem Jungen erschien der Verlust gering, aber er hielt es dennoch nicht für geraten, noch länger bei der Riesenfamilie zu bleiben.

Als er wieder zum Haus kam, war die Riesin mit dem Buttern fertig.

»Du hast lange gebraucht«, sagte sie zu dem Knecht. »Wo ist denn meine Tochter?«

Der Junge antwortete:

»Als ich sie gewaschen hatte, lief sie in den Wald, ihrem Vater entgegen.«

»Nun, dann werden sie wohl bald zusammen heimkommen«, meinte die Riesin.

Am Abend kehrte der Riese nach Hause zurück und war sehr müde. Seine Frau rief ihm entgegen:

»Mann, wo ist unsere Tochter?«

Der Riese antwortete:

»Ich habe sie nicht gesehen.«

Da erschrak die Riesin und begann zu schreien und zu jammern. Der Junge schlug vor, zusammen mit dem Riesen im Wald nach dem Mädchen zu suchen. Sie zogen los und schauten in alle Richtungen, konnten die Tochter aber nicht finden.

Als sie schon lange herumgelaufen waren, erreichten sie die Grenze der Ländereien des Riesen. Da sagte der Hütejunge:

»Herr, ich war nun lange von zu Hause weg. Gebt mir die Erlaubnis, meine Mutter zu besuchen, die auf mich wartet. Morgen komme ich wieder und helfe Euch suchen.«

Der Riese erwiderte:

»Du kannst gehen, weil du mir so treu gedient hast. Aber komm bald wieder!«

Bei diesen Worten zog der Riese drei Scheffel Gold hervor und gab sie dem Knecht zum Lohn. Der Junge dankte ihm und versicherte, beim nächsten Mal noch besser dienen zu wollen.

Der Riese und sein Knecht trennten sich, und jeder ging seines Weges. Der Junge lief nach Hause zu seiner Mutter und gab ihr, was er gewonnen hatte. Von diesem Tag an waren sie reich und glücklich. Der Riese aber streunte weiter durch den Wald, auf der Suche nach seinem Kind. Vielleicht sind seine Frau und er noch heute unterwegs.

(Uppland)

Die Lappschlittenfahrt

In den großen Wäldern westlich von Samsele ging einmal ein Jäger früh am Morgen auf Vogeljagd. Als er gegen Mittag das Gebirge erreichte, bemerkte er eine Windhose, die Blätter und Grashalme durch die Luft tanzen ließ. Er wusste, dass sich dahinter Trolle verbargen, deshalb warf er sein Scheidemesser in die Windhose. Sofort senkte sie sich, und Augenblicke später herrschte wieder Ruhe.

Einige Zeit später war er wieder auf der Jagd und verirrte sich. Nach einer langen und mühseligen Wanderung kam er an eine Lapphütte, darin stand eine Frau und rührte in einem Kessel. Als das Fleisch fertig gekocht war, lud sie den Jäger zum Essen ein. Dazu reichte sie ihm dasselbe Messer, das er in die Windhose geworfen hatte.

Am nächsten Tag wollte er nach Hause, konnte aber den Weg nicht finden. Da bot ihm die Trollfrau – denn um eine solche handelte es sich – an, ihren Lappschlitten zu nehmen. Vor diesen spannte sie ein Seil mit drei Knoten.

»Wenn du einen Knoten nach dem anderen löst, wirst du schnell nach Hause gelangen«, sagte sie.

Der Jäger löste einen Knoten, und sogleich stieg der Schlitten mit ihm in die Luft. Nach einer Weile löste er den zweiten Knoten, und der Schlitten wurde noch schneller. Schließlich löste er den dritten Knoten. Nun raste er in schwindelnder Fahrt dahin, so dass er, als der Lappschlitten plötzlich zum Stehen kam, herausgeschleudert wurde und sich auf seinem eigenen Hof das Bein brach.

(Umeå, Västerbotten)

Die Braut des Riesen

ie Sagen der Lappen handeln meistens von Riesen,
die Stalo genannt werden, und von den Abenteu-
ern der Menschen mit ihnen. Ein Stalo ist furchtbar durch seine Größe und seine Stärke, und es gelüstet
ihn nach Menschenfleisch. Doch trotz seiner Kraft ist der
Riese dem Menschen oft unterlegen, denn er ist plump
und ungeschickt und dem Lappen an Verstand nicht
gewachsen. Deshalb handeln die meisten Stalo-Geschich-
ten davon, wie ein Riese von einem Lappen oder einer
Lappin hinters Licht geführt wird.

Es war einmal ein Stalo, der wollte ein reiches Lapp-
mädchen heiraten. Weder das Mädchen noch ihr Vater
hatten große Lust auf eine solche Verbindung, wagten
aber nicht, die Ehre, die ihnen der Riese erwies, abzulehnen. Im Stillen dachte der Vater: Kommt Zeit, kommt
Rat; ich werde deine Pläne schon durchkreuzen. Nun war
er gezwungen, einen Tag festzulegen, an dem der Stalo
seine Braut holen würde. Bevor nun der Riese anlangte,
nahm der Lappe einen Holzklotz von der Größe des Mädchens, zog diesem einen Rock, eine Mütze, und Schuhe
an, legte ihm einen silbernen Gürtel um und stellte ihn in
einen Winkel des Zeltes. An der Mütze befestigte er einen
dichten Schleier, wie ihn die Lappbräute tragen.

Als der Stalo ins Zelt kam und die Braut in ihren besten Kleidern sah, freute er sich sehr und bat den Schwie-
gervater, mit nach draußen zu kommen und ihm die
Rentiere zu geben, die er als Mitgift erhalten sollte. Währenddessen wartete die Tochter versteckt hinter einem
Hügel mit ihrem Rentierschlitten. Der Stalo bekam also
seine Mitgift und schlachtete sogleich eines der Tiere zum

Abendessen. Der Lappe aber schlich sich in den Wald zu seiner Tochter, und sie flohen, so schnell es ging, in die Berge.

Als der Riese dem Rentier das Fell abgezogen hatte, ging er ins Zelt zu seiner Braut.

»Nun, Liebste«, sagte der Stalo, »häng den Topf übers Feuer.«

Die Braut rührte sich nicht.

»Oh, sie ist schüchtern«, schmunzelte der Riese. »Nun, dann mach ich es selbst.«

Als das Fleisch eine Weile gekocht hatte, sagte er:

»Liebste, nun kannst du die Markknochen spalten.«

Doch die Braut rührte sich nicht.

Nun ja, sie ist schüchtern. Mach ich es eben selbst, dachte der Stalo. Als das Fleisch gar war, bat er seine Braut, essen zu kommen, aber das war ja unmöglich – die Liebste lehnte weiter in ihrem Winkel.

Um so mehr habe ich für mich, dachte der Stalo und aß mit gesundem Appetit. Als er fertig war, bat er seine Braut, das Schlaflager zu bereiten, doch sie rührte sich nicht.

»Ach Liebste, wenn du so schüchtern bist, muss ich wohl auch das selbst erledigen«, seufzte der einfältige Riese.

»Liebste, komm nun, wir wollen uns schlafen legen«, sagte er dann, doch sie bewegte sich nicht. Da wurde er wütend und packte seine Braut. Erst jetzt merkte er, wie er von dem Lappen betrogen worden war. Statt eines Menschen aus Fleisch und Blut hatte er einen Holzklotz geheiratet. Darüber wurde er so wütend, dass er sich an die Verfolgung des Lappen machte. Doch dieser hatte einen so großen Vorsprung, dass er nicht mehr einzuholen war. Außerdem setzte ein starker Sturm ein, und der Stalo verirrte sich in den Bergen. Schließlich begann er zu frieren.

Als der Mond aufging, glaubte der Riese, das wäre ein Feuer, das der Lappe angezündet hatte, und rannte darauf los. Aber er war inzwischen so lange unterwegs, dass er seine Kräfte verbraucht hatte. Da kletterte er auf eine hohe Tanne und wollte sich an dem Feuer wärmen, doch er erfror in der bitterkalten Nacht. Und das war auch das Ende der Geschichte.

(Lappland)

Der listige Lappe

Ein armer Lappe war in die Hände eines Stalo gefallen und begriff sehr wohl, dass er als Mahlzeit enden würde, falls es ihm nicht gelänge, den Riesen zu überlisten. Deshalb schlug er vor, dass sie ihre Kräfte messen sollten. Die Aufgabe bestand darin, so gegen einen Baumstamm zu rennen, dass der Kopf im Holz stecken blieb. Wer seinen Schädel am weitesten in den Stamm treiben konnte, war der Stärkste und hatte gewonnen.

Zuerst sollte der Stalo seine Kraft beweisen. Er nahm Anlauf, rannte auf eine Tanne zu und rammte seinen Kopf gegen den Stamm. Doch so genau der Riese und der Lappe den Baum auch in Augenschein nahmen, es war kein Abdruck im Holz zu sehen. Der Lappe versprach nun, am Tag darauf seine Stärke zu zeigen. In der Nacht höhlte er eine Reihe von Stämmen aus und verdeckte die Löcher mit Rinde. Als der Tag anbrach, rannte er von einem Baum zum anderen und versenkte seinen Kopf bis zu den Ohren im Holz. Der Stalo war von dieser Kraft sehr beeindruckt, schlug aber vor, noch eine zweite Probe zu machen.

Wer den Eispickel des Riesen am höchsten werfen konnte, sollte der Stärkste sein. Der Stalo warf zuerst, und zwar so hoch, dass das Werkzeug kaum noch zu sehen war.

»Das war ein schlechter Wurf«, meinte der Lappe. »Wenn ich werfe, dann fliegt der Eispickel so hoch, dass er oben auf den Wolken liegen bleibt.«

»Nein, nein, mein Sohn!«, rief der Stalo. »Lieber gebe ich zu, dass ich der Schwächere bin, als meinen herrlichen Eispickel zu verlieren.«

So ging der Lappe auch aus diesem Wettbewerb als Sieger hervor.

Als der Lappe und der Stalo am nächsten Tag in den Wald kamen, begann der Lappe, Weidenruten zu drehen.

»Was willst du mit denen anfangen?«, fragte der Riese.

»Ich will deinen Silberspeicher wegtragen«, antwortete der Lappe.

»Aj, mein Sohn«, seufzte der Stalo. »Lass mich meinen Speicher behalten, ich schenke dir einen Hut voll Silber!«

»Einverstanden«, sagte der Lappe.

Als der Riese das Silber holen ging, grub der Lappe ein Loch, stieß ein Loch in die Spitze seines Hutes und deckte den Hut über die Grube.

»Du hast aber einen großen Hut«, murmelte der Riese.

»Füll ihn mit Silber!«, rief der Lappe. »Sonst werfe ich dich samt Eispickel hinauf in die Wolken!«

So musste der Stalo dem Lappen ein großes Lösegeld zahlen, und der listige Lappe wurde ein reicher Mann.

(Lappland)

Quellen und Anmerkungen

Vorwort:

Nils-Arvid Bringéus: Efterskrift. In: Fågeln med guldskrinet. Folksagor samlade och upptecknade i Skåne av Eva Wigström, Malmö 1985.

Jöran Sahlgren: Inledningar. In: Gunnar Olof Hyltén-Cavallius / George Stephens, Svenska sagor. Del 1 till 3, Stockholm 1964–1965.

Waldemar Liungman: Die schwedischen Volksmärchen. Herkunft und Geschichte. Berlin 1961.

Internet 16.12.2006:

http://runeberg.org/authors/hofbergh.html
http://sv.wikipedia.org/wiki/Gunnar_Olof_Hylt%C3-%A9n-Cavallius

Übersetzt nach:

Fågeln med guldskrinet. Folksagor samlade och upptecknade i Skåne av Eva Wigström. Utgivna av Nils-Arvid Bringéus. Wiken, Malmö 1985, 282 S. (Abk. Wigström)

Gunnar Olof Hyltén-Cavallius, George Stephens: Svenska sagor, del I. Prisma, Stockholm 1964, 178 S. (Abk. HC/St I)

Gunnar Olof Hyltén-Cavallius, George Stephens: Svenska sagor, del II. Prisma, Stockholm 1965, 224 S. (Abk. HC/St II)

Gunnar Olof Hyltén-Cavallius, George Stephens: Svenska sagor, del III. Prisma, Stockholm 1965, 201 S. (Abk. HC/St III)

Svenska folksägner, samlade samt försedda med historiska och ethografiska anmärkningar av Herman Hofberg (1882). Neuausgabe Niloe, Uddevalla 1983, 224 S. (Abk. Hofberg)

Im Folgenden werden die schwedischen Originaltitel und die Übersetzungsvorlagen der Märchen nach der Reihenfolge in diesem Band angegeben:

De tre vanskapta kärringarna (Wigström, S. 213–215)
Trähätta (Wigström, S. 100–107)
Den rödhårige fästmannen (Wigström, S. 108–111)
Dummerjöns (Wigström, S. 112–115)
Käringen vid källan (Wigström, S. 203–204)
Lockebock (Wigström, S. 93–99)
Jättens flaskor (Wigström, S. 23–27)
Den försvunna bruden (Wigström, S. 147–156)
Det ringande trädet (Wigström, S. 157–158)
Den bergtagna prinsessan (Wigström, S. 162–167)
Den vackra fågeln (Wigström, S. 181–185)
Det gyllene trädet, den sjungande floden och den talande
    fågeln (Wigström, S. 79–86)
Önskningarna (Wigström, S. 116–118)
Följesvennen (Wigström, S. 191–194)
Guldgåsen (Wigström, S. 176–180)
Guldäpple med silverblad (HC/St III, S. 185–188)
Pojken, som åt kapp med jätten (HC/St I, S. 11–15)
Jättestugan, vars tak bestod av bara korvar (HC/St I,
    S. 16–20)
Den tjuvaktige skomakaregesällen (HC/St III,
    S. 101–108)
Steken till prästen (HC/St III, S. 126–129)
De stjälande bröderna (HC/St III, S. 143–150)
Lindormen och bonden (HC/St III, S. 153–156)
Om lille Knös (HC/St III, S. 157–162)
Ärligt gods varar länge och ökar sig, orättfärdigt försmäl-
    ter som snö i töväder (HC/St III, S. 27–30)